Archiv Peter Piller
Materialien (H)
Irrläufer

Archiv Peter Piller
Materialien (H)
Irrläufer

steirischer herbst
Nieves

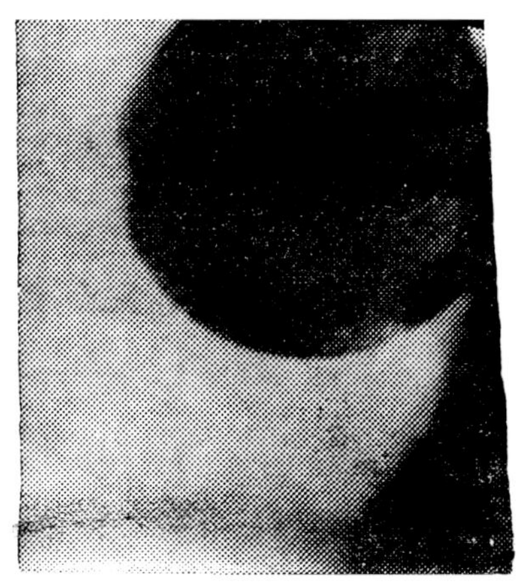

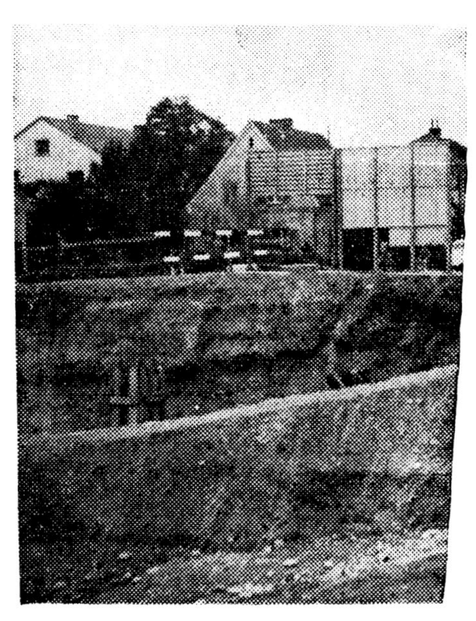

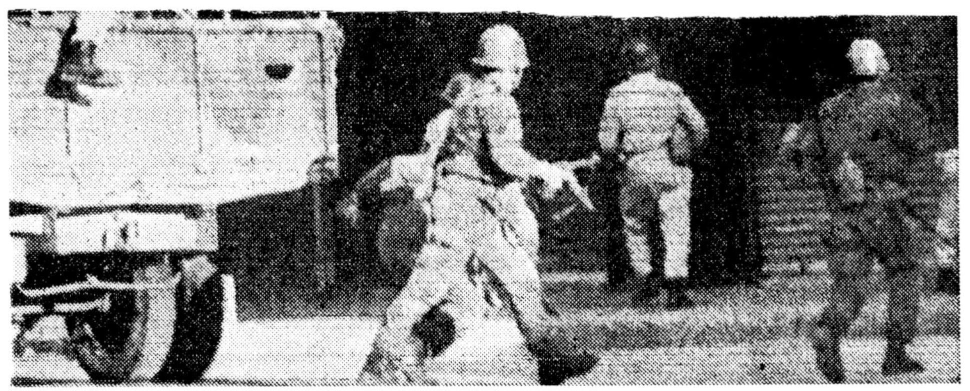

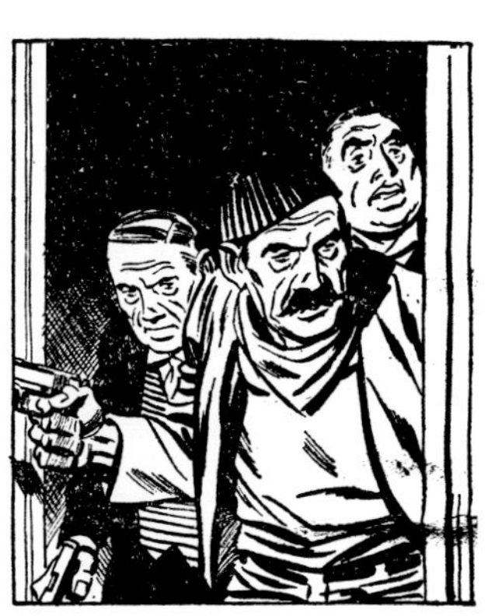

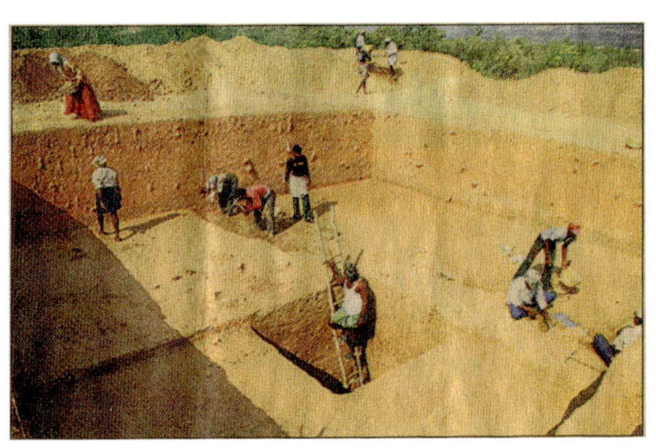

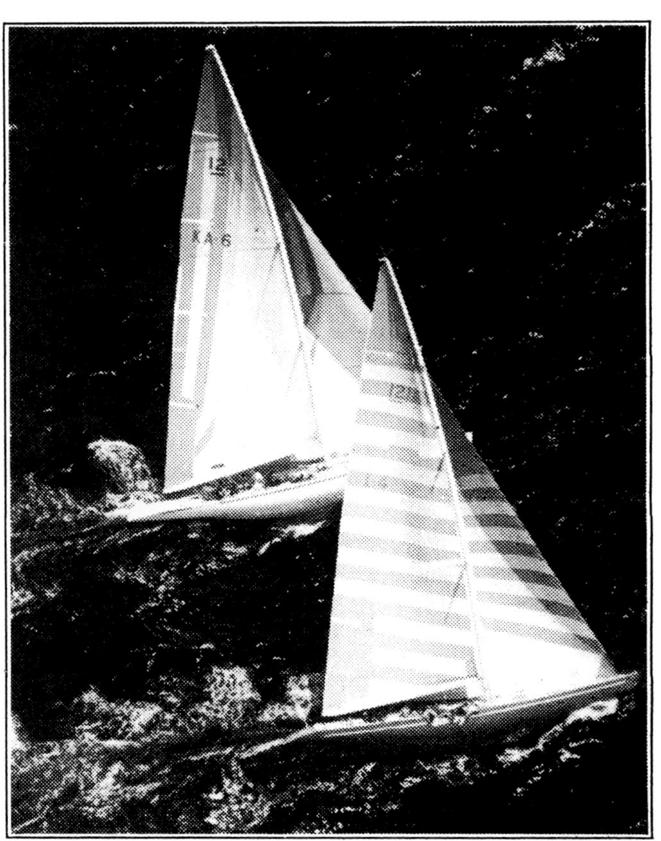
12
KA 6

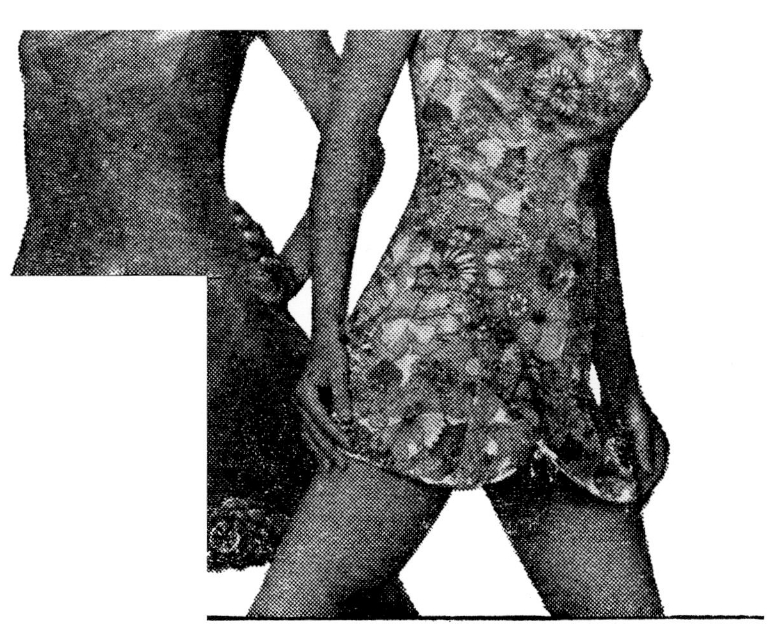

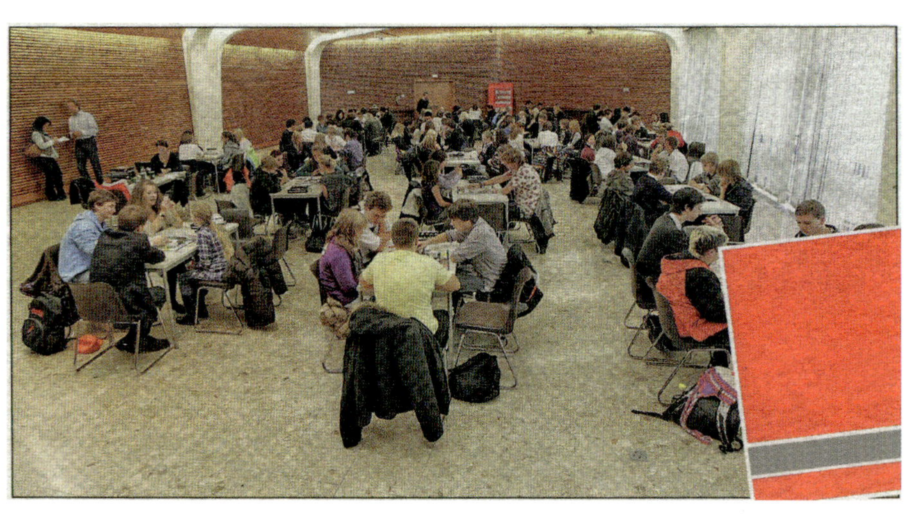

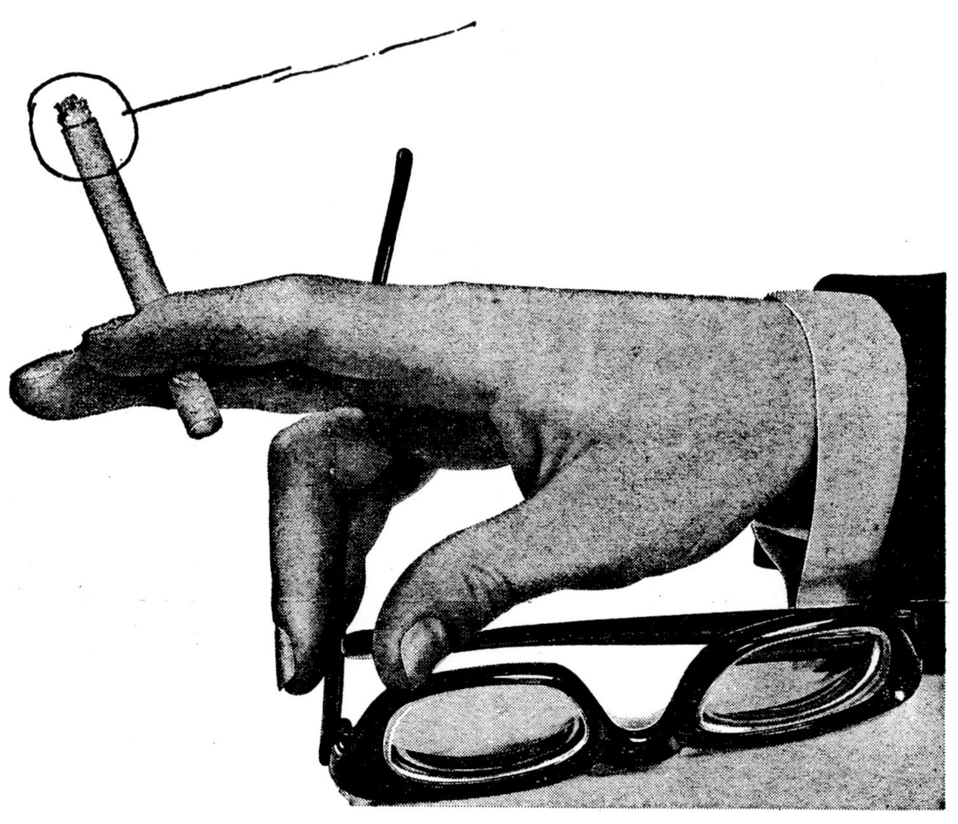

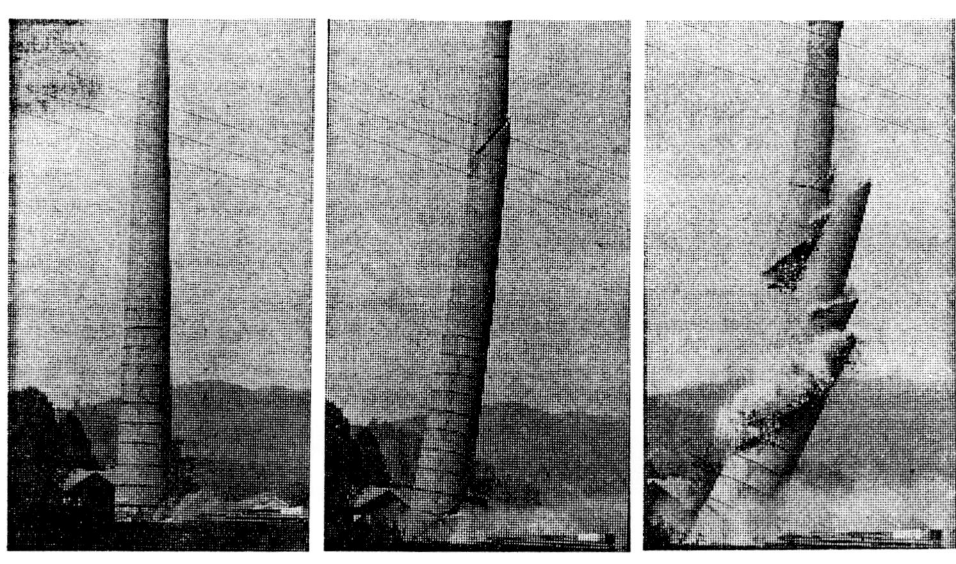

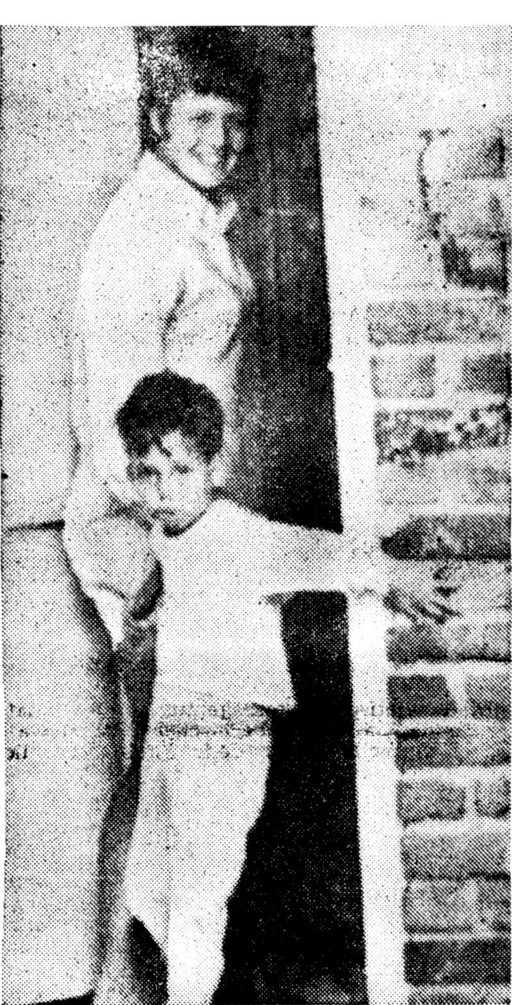

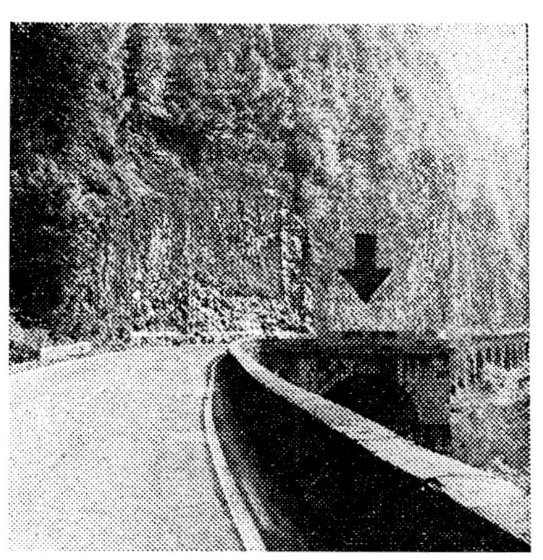

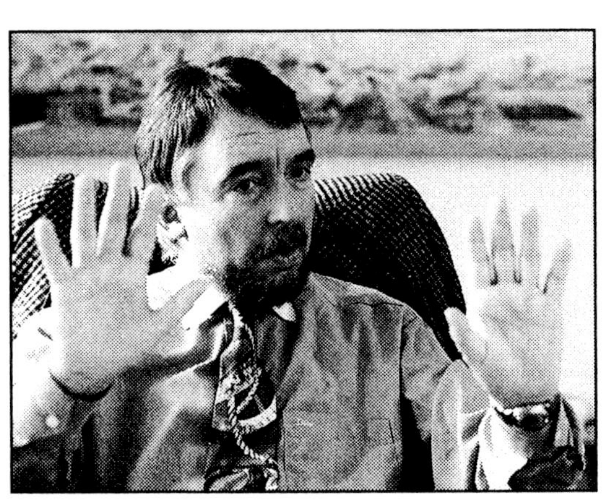

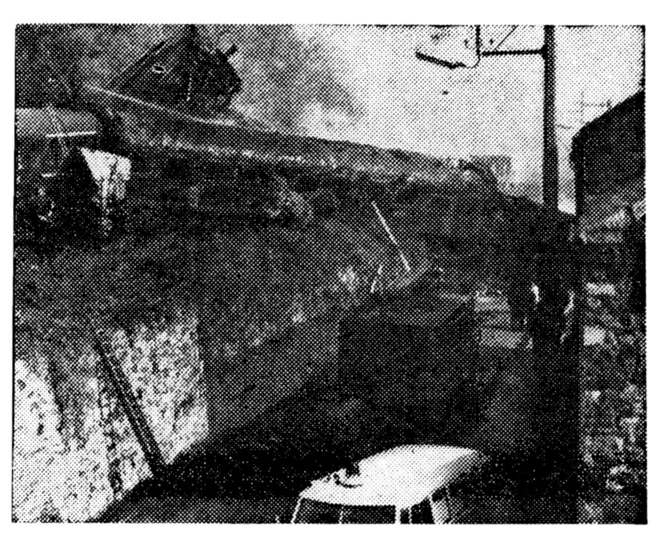

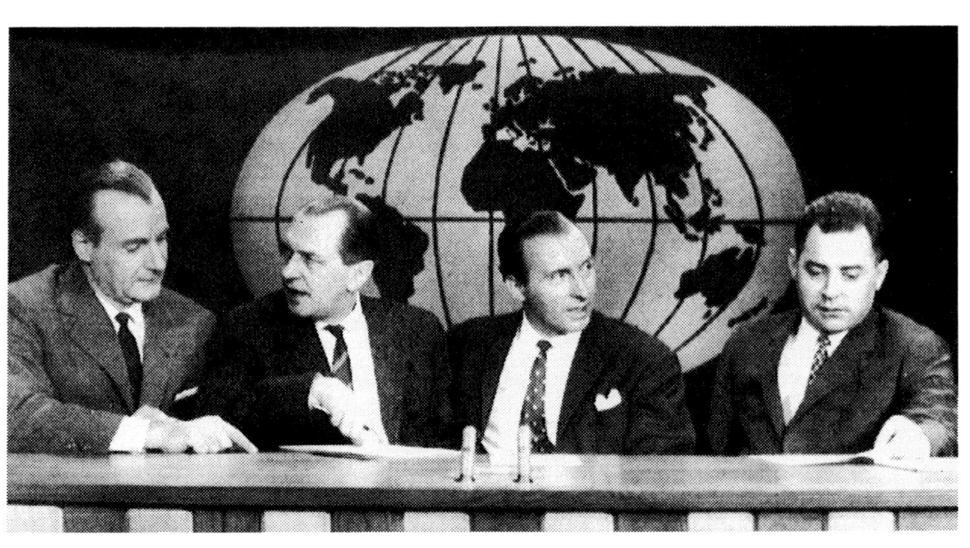

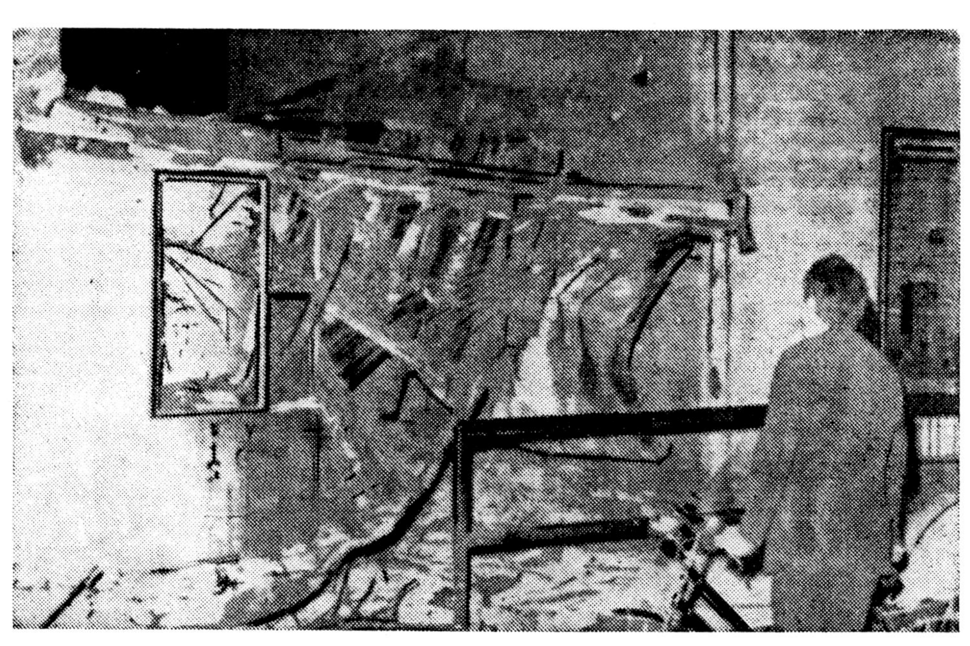

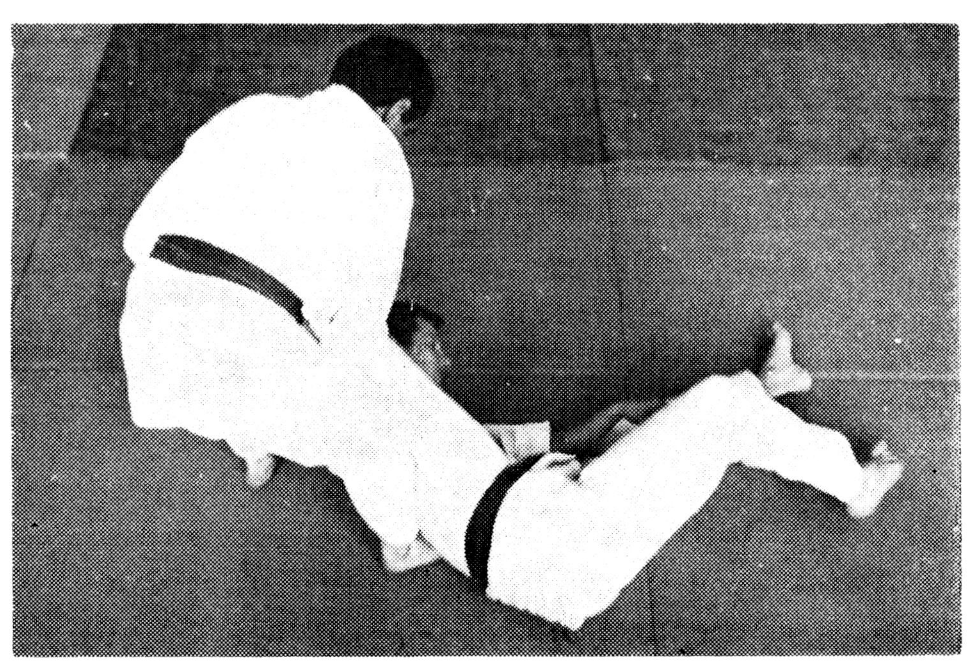

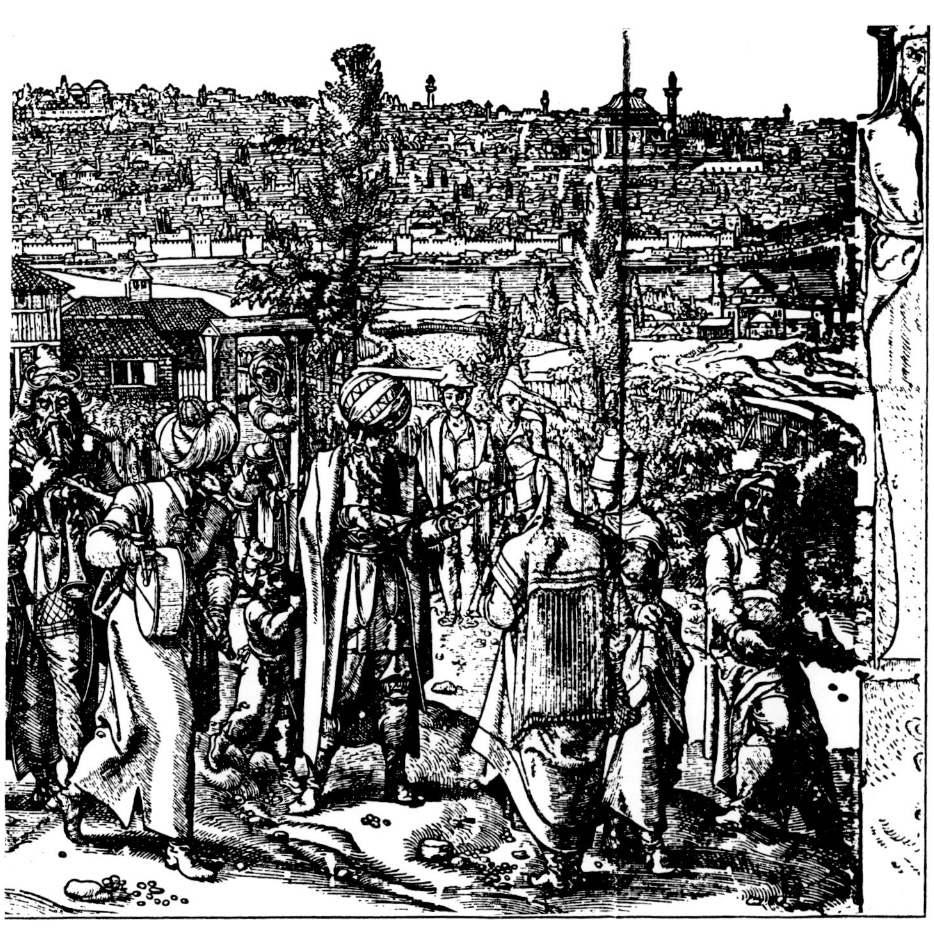

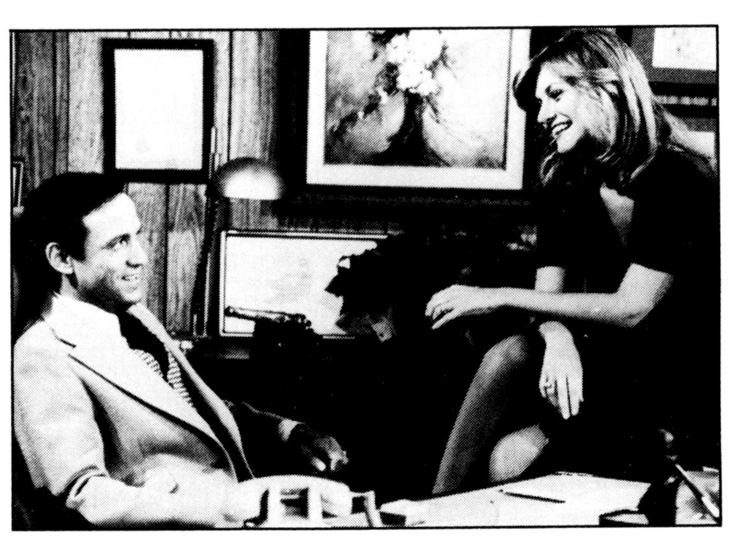

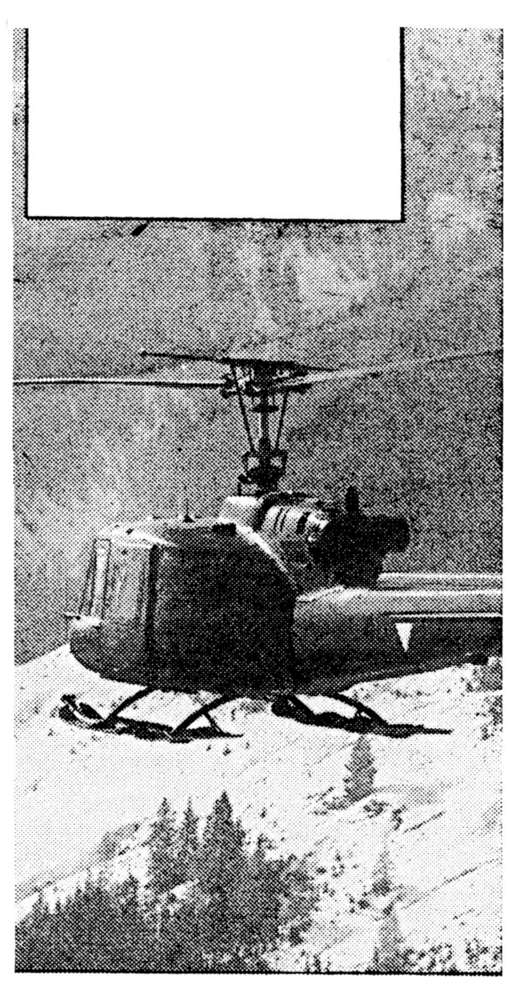

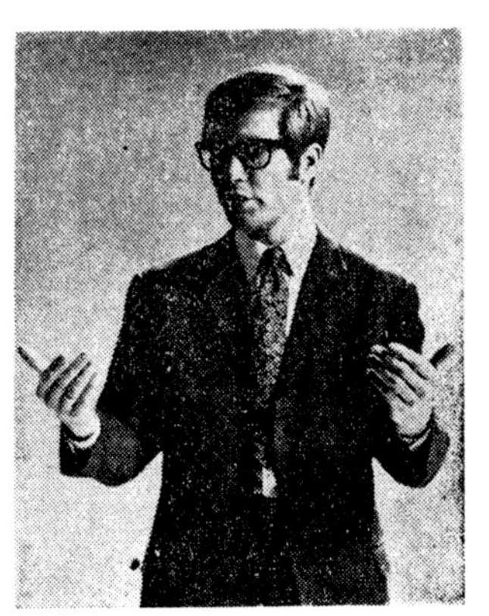
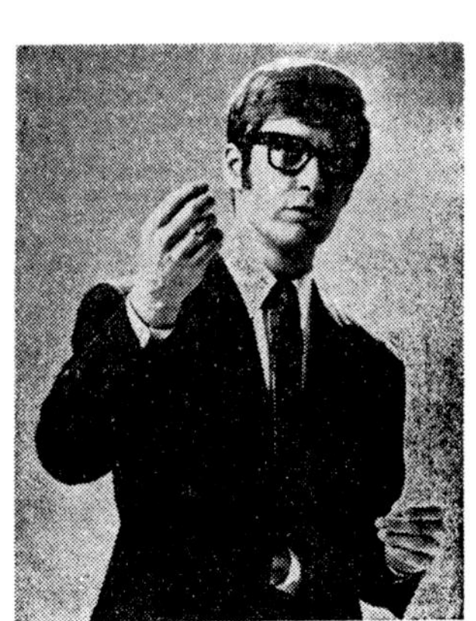
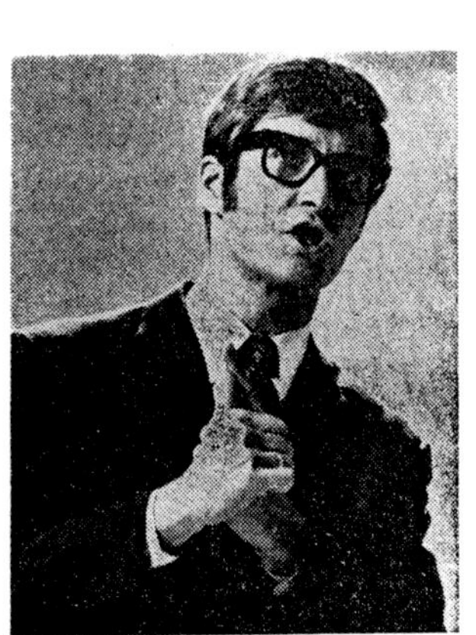

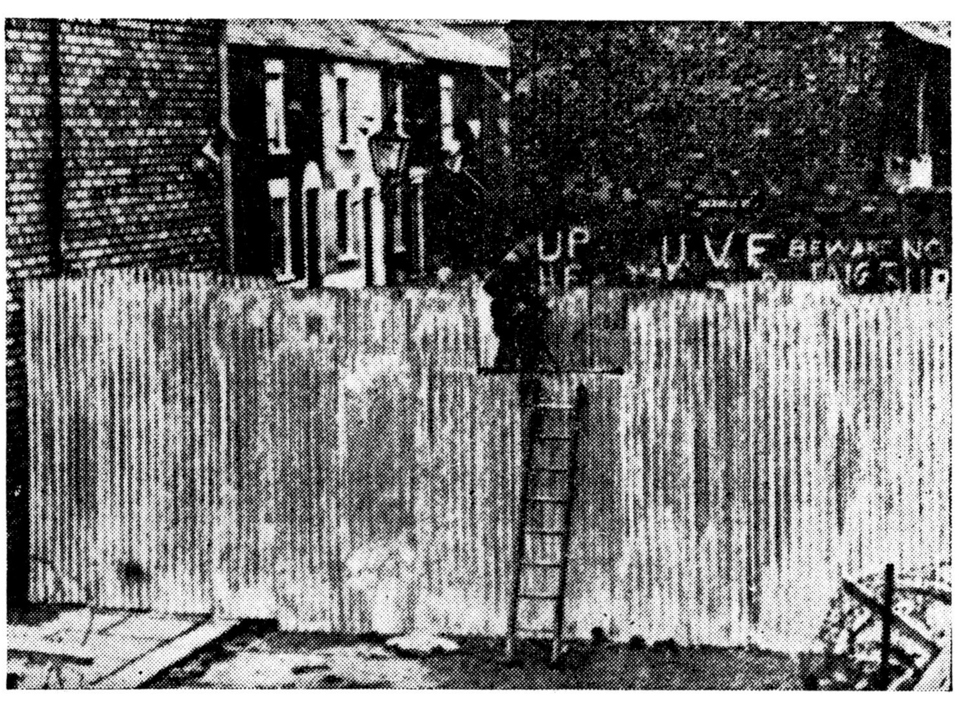
UP
U.V.F

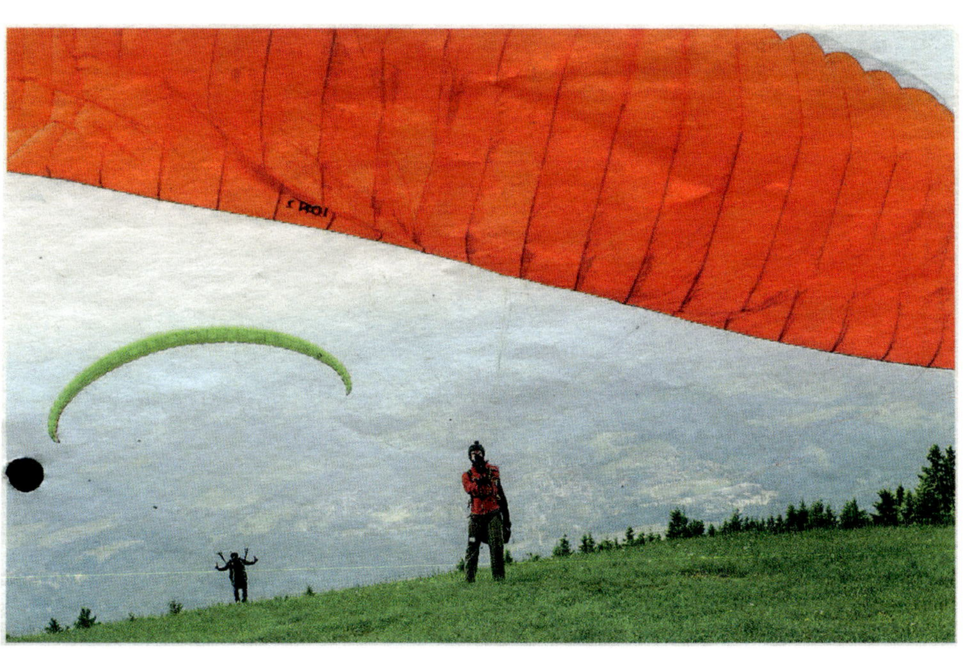

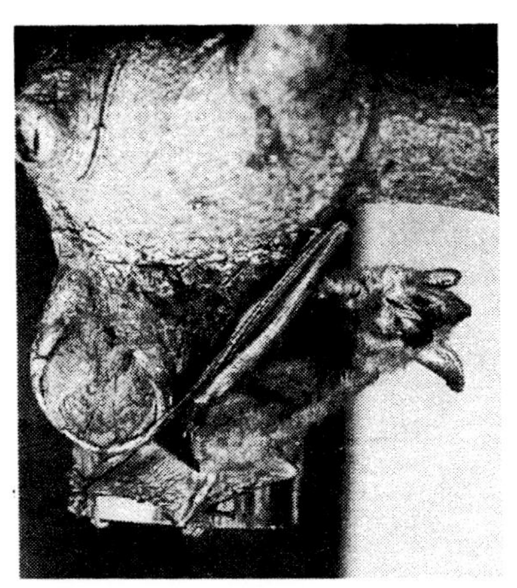

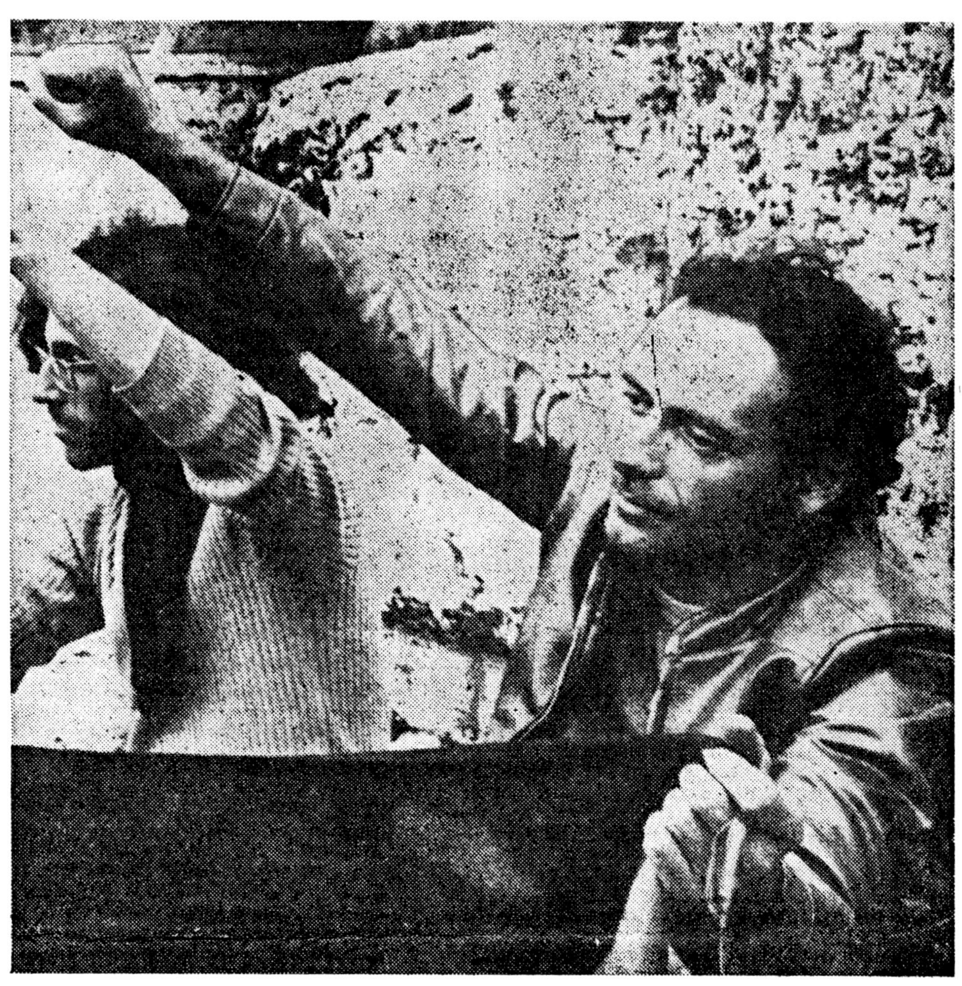

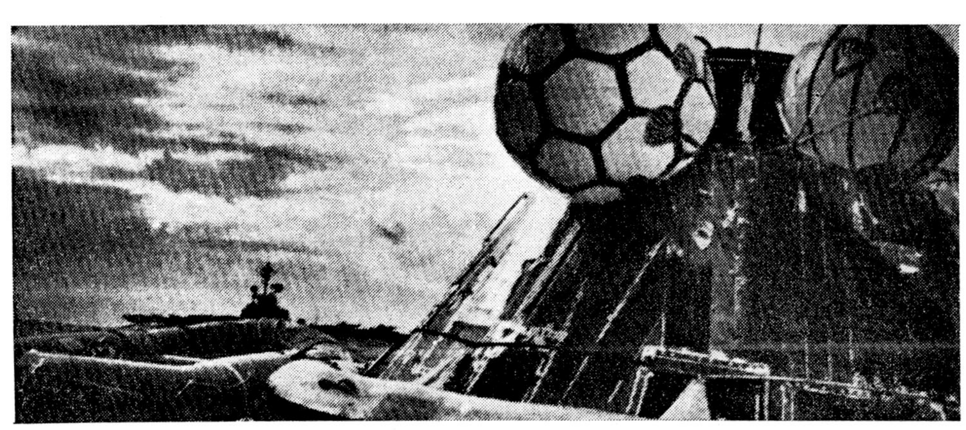

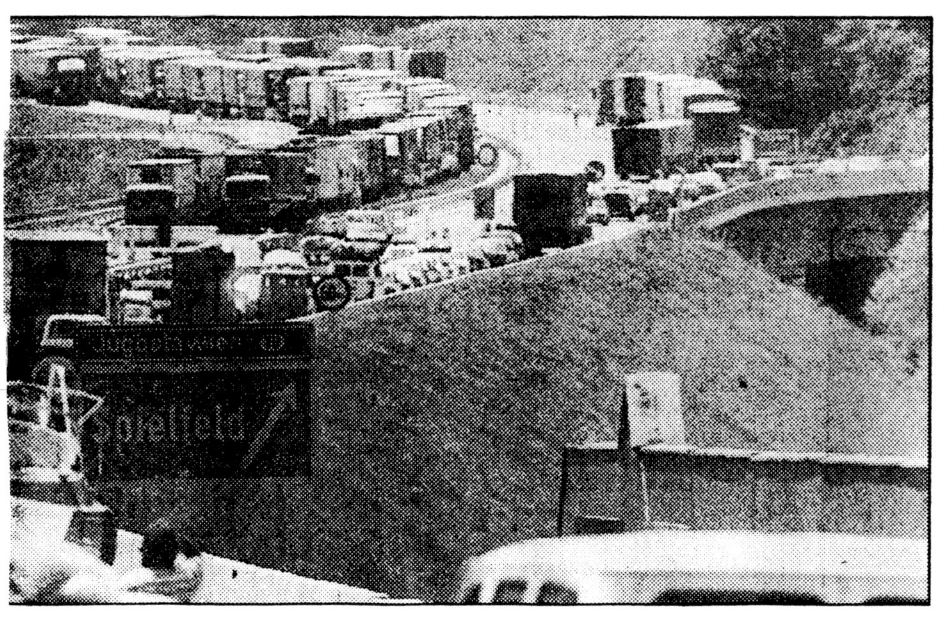

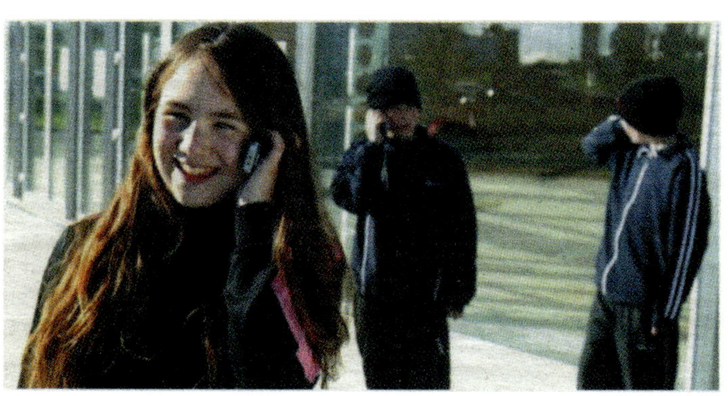

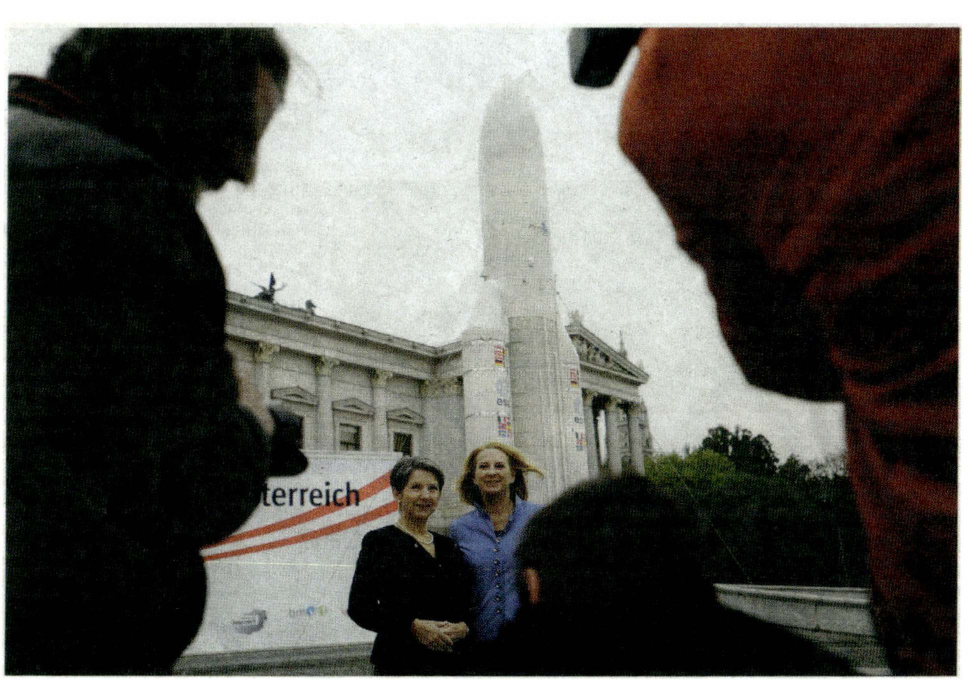
terreich

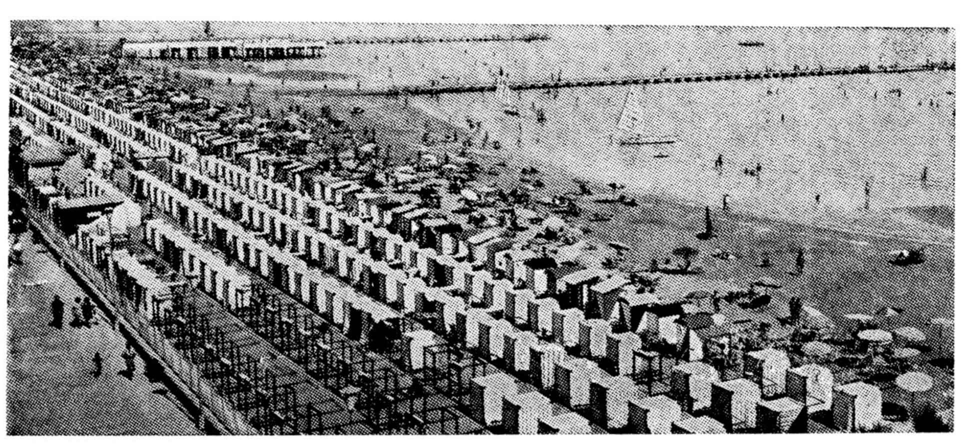

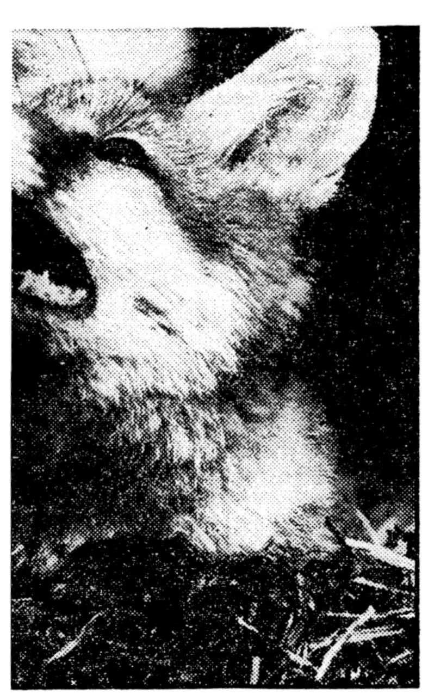

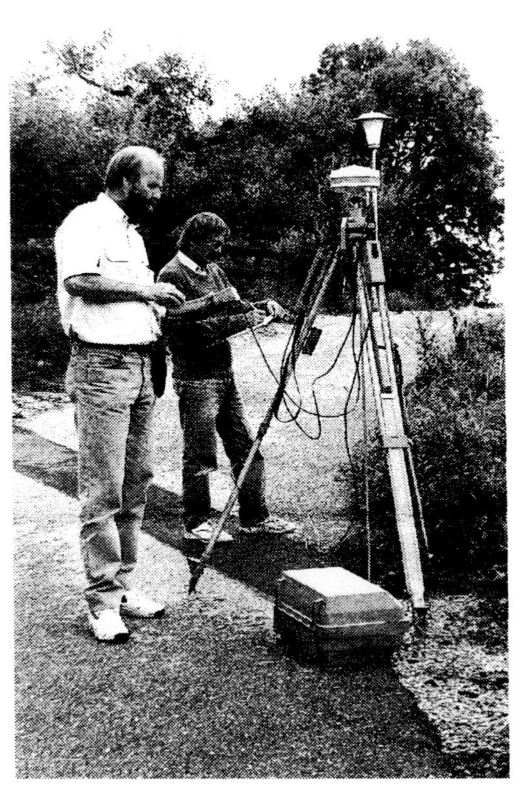

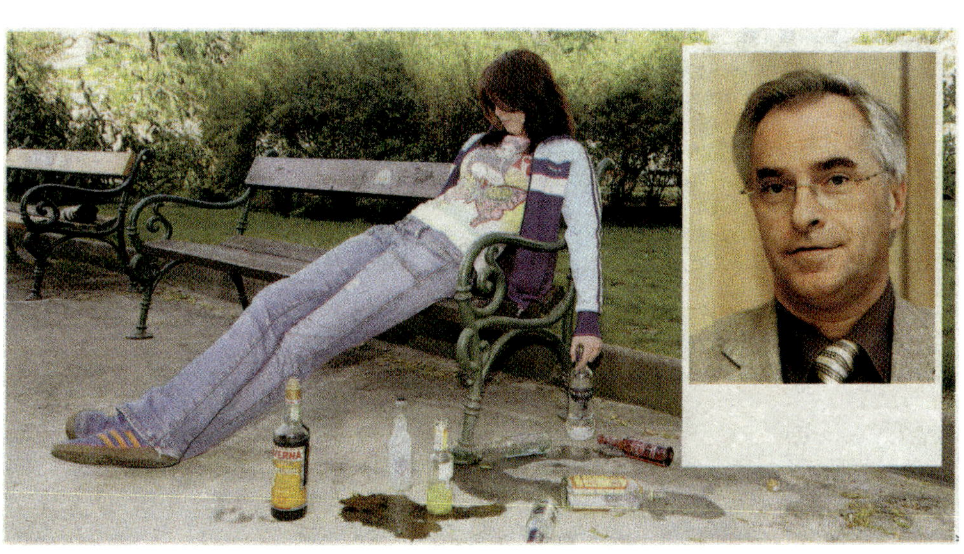

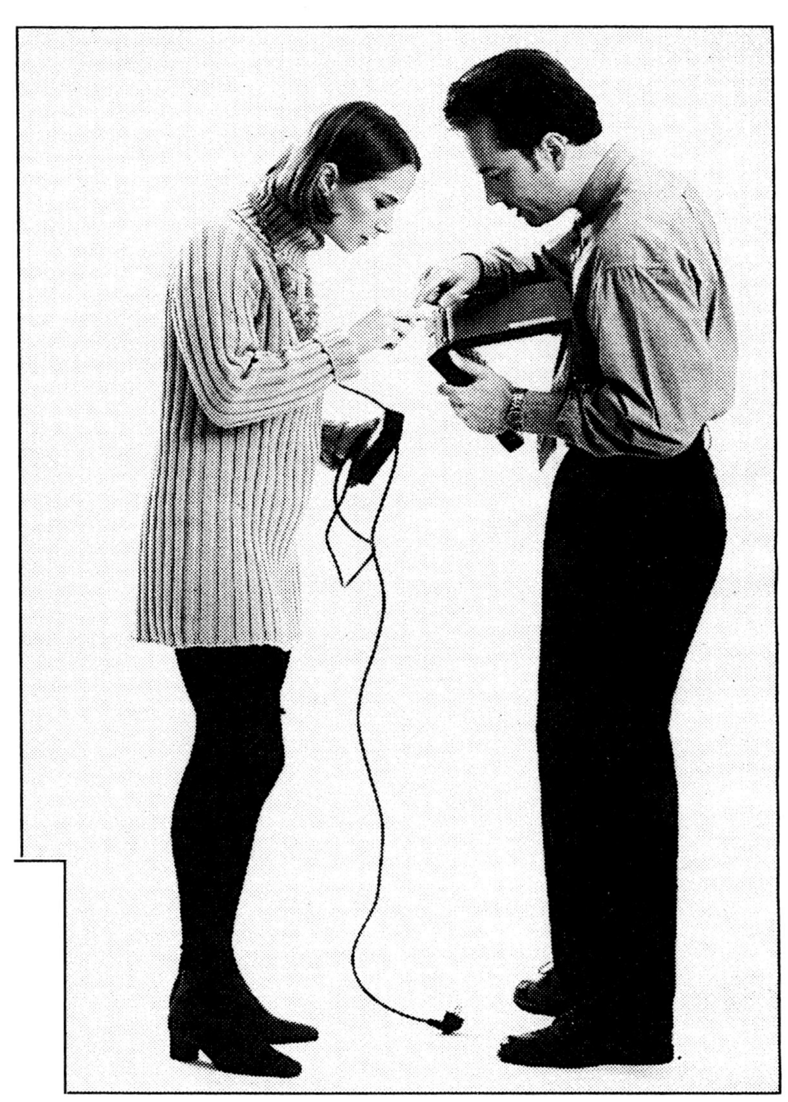

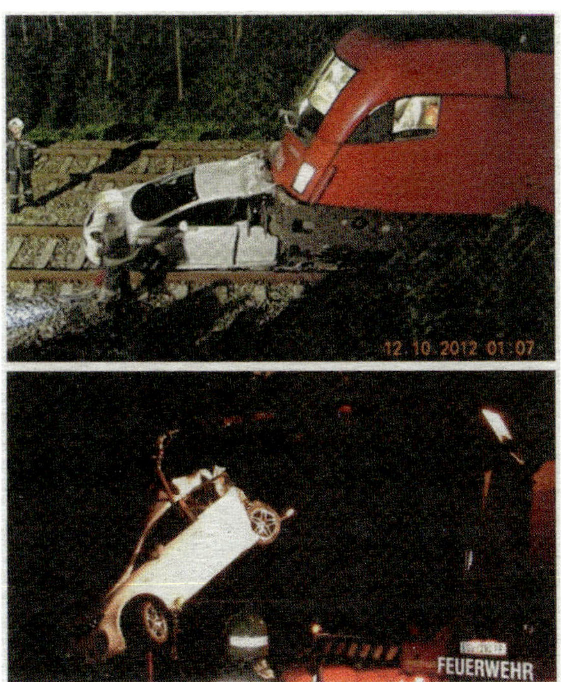
12.10.2012 01:07
FEUERWEHR

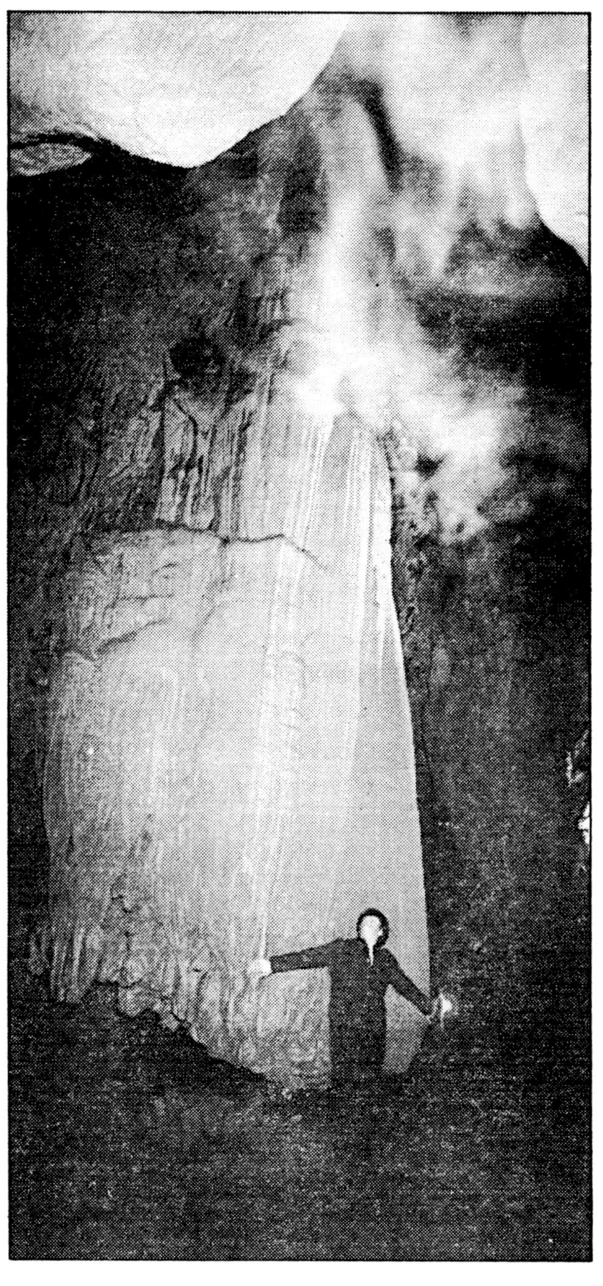

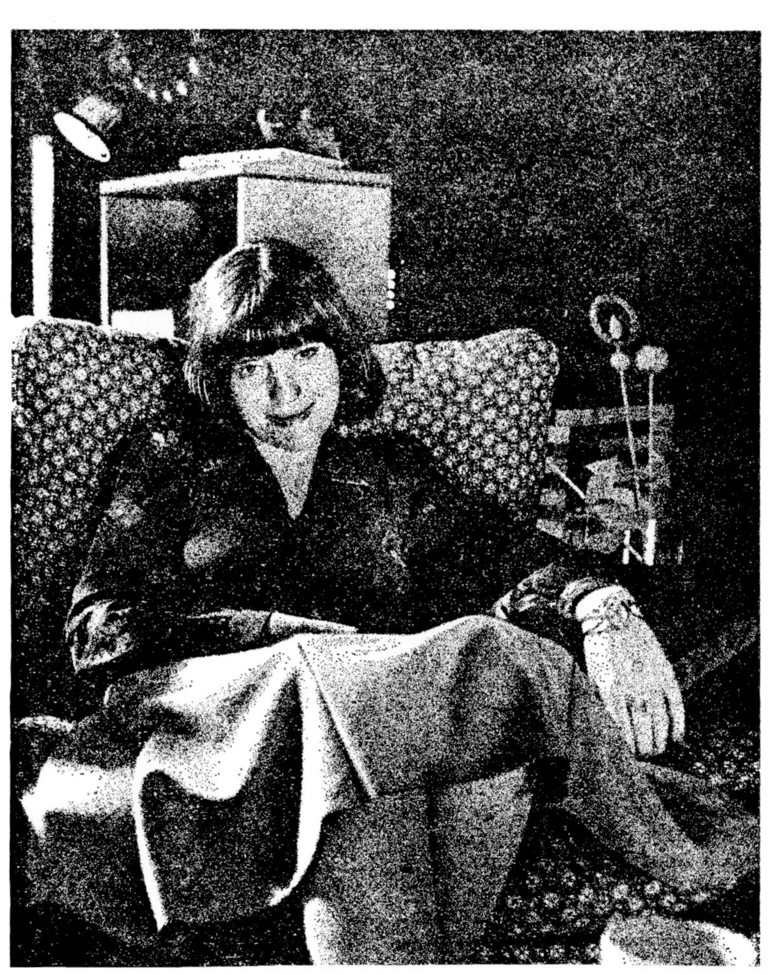

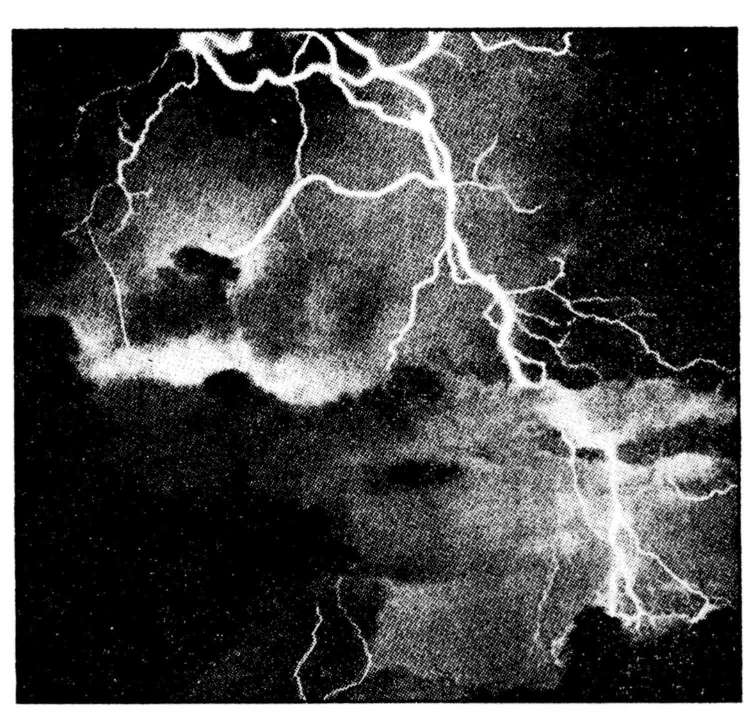

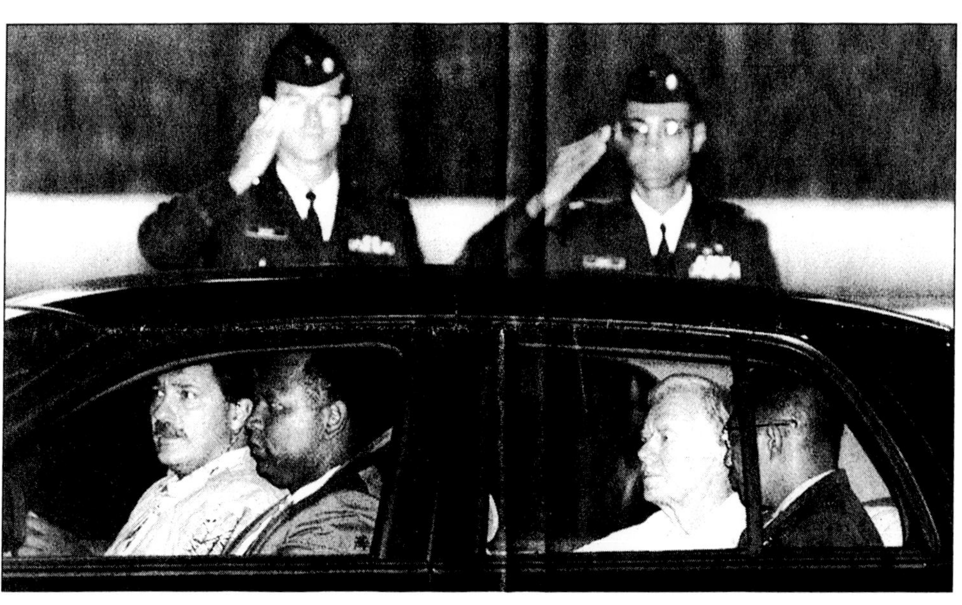

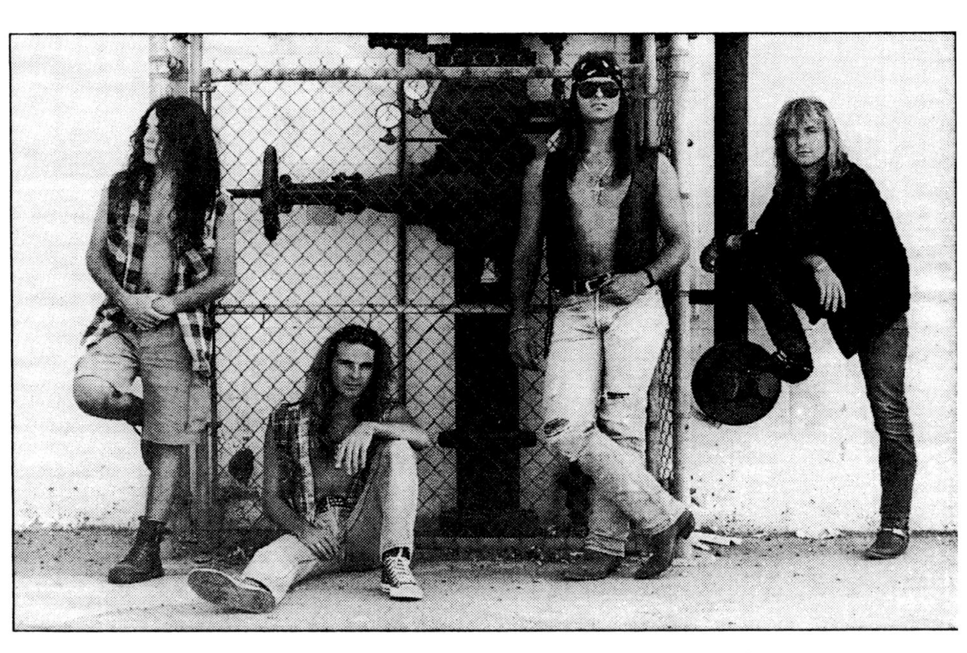

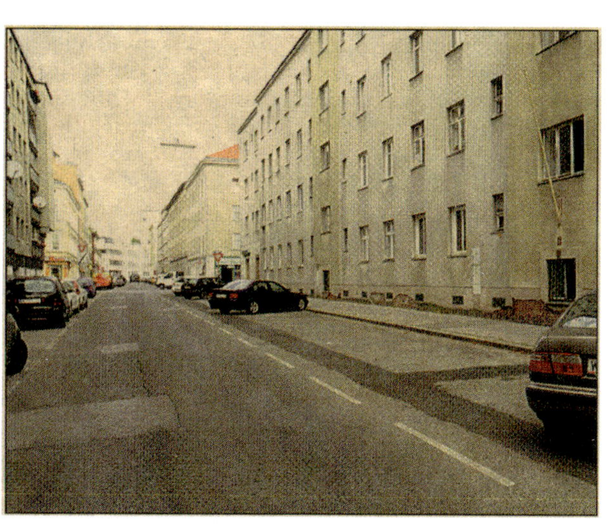

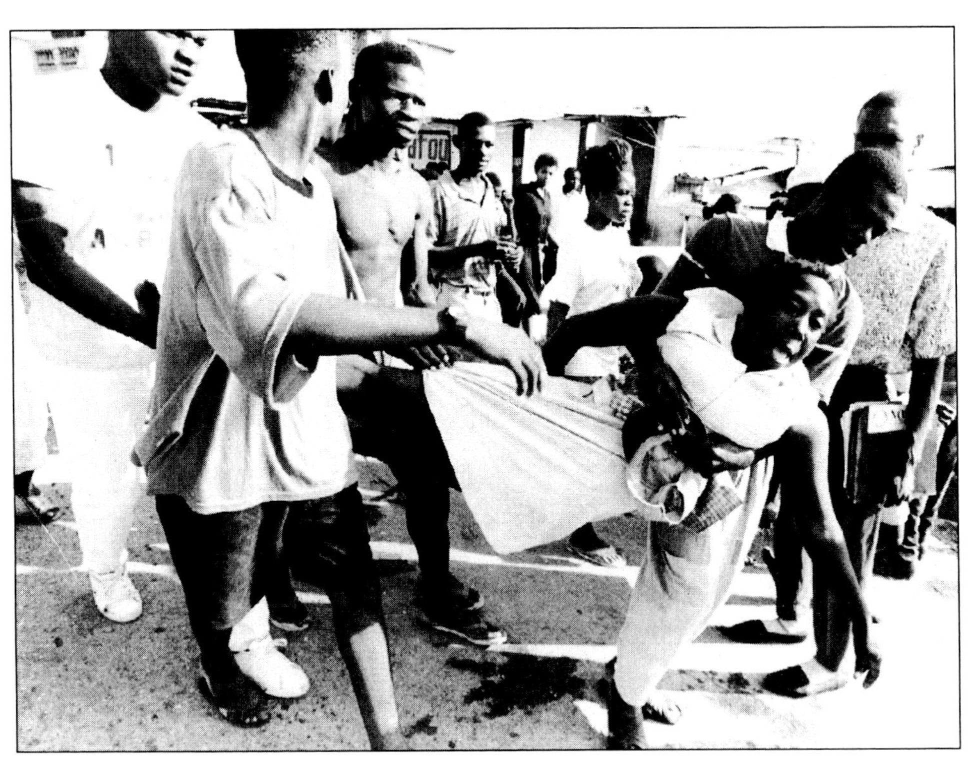

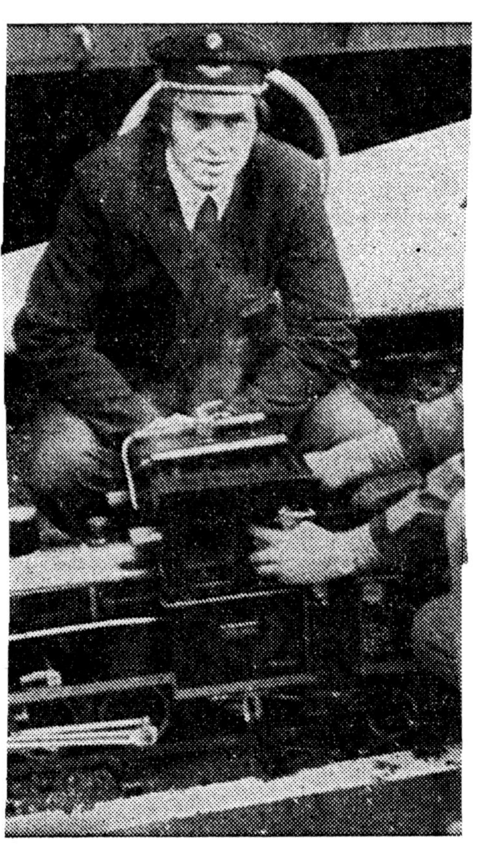

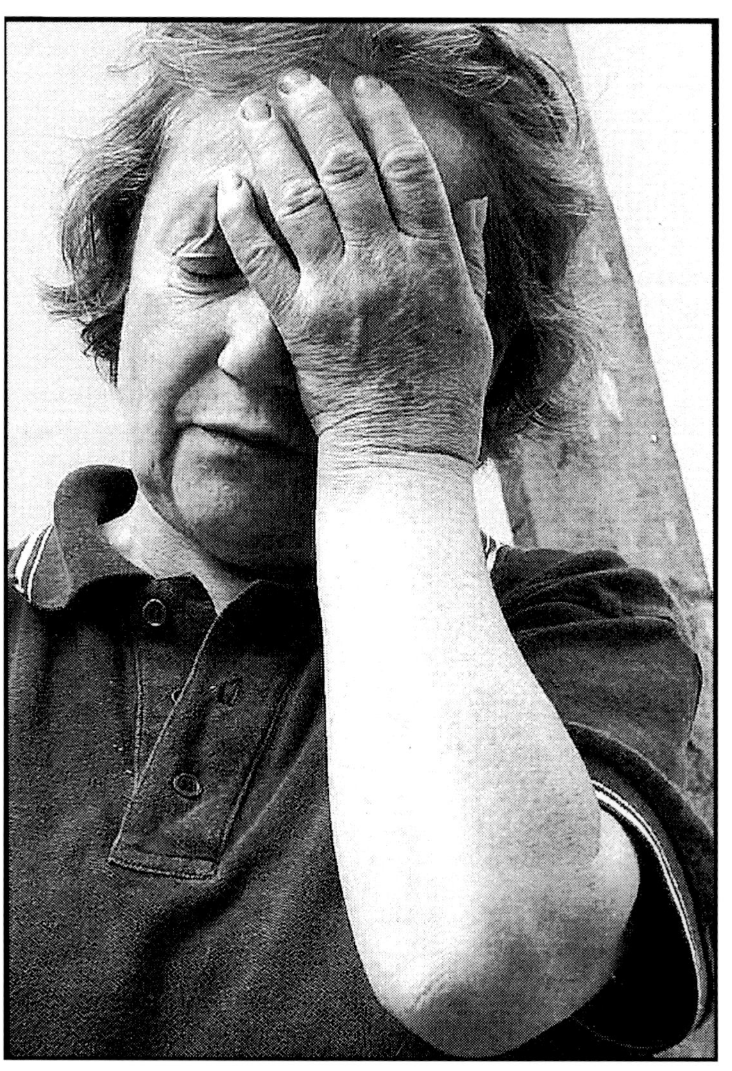

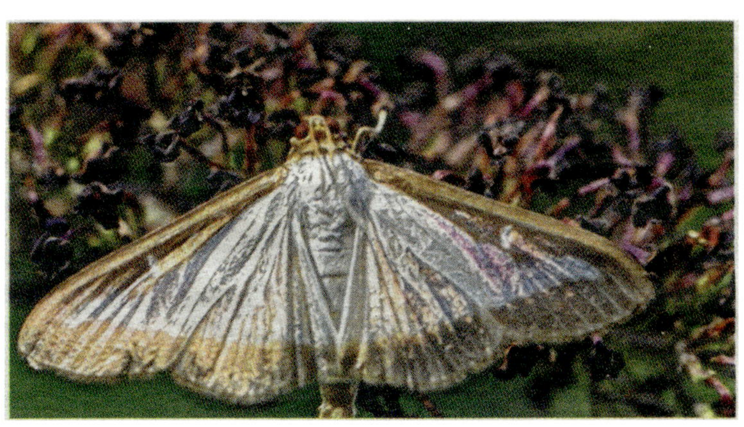

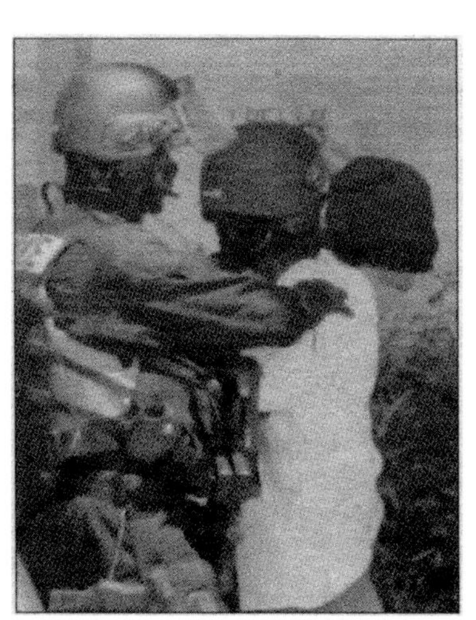

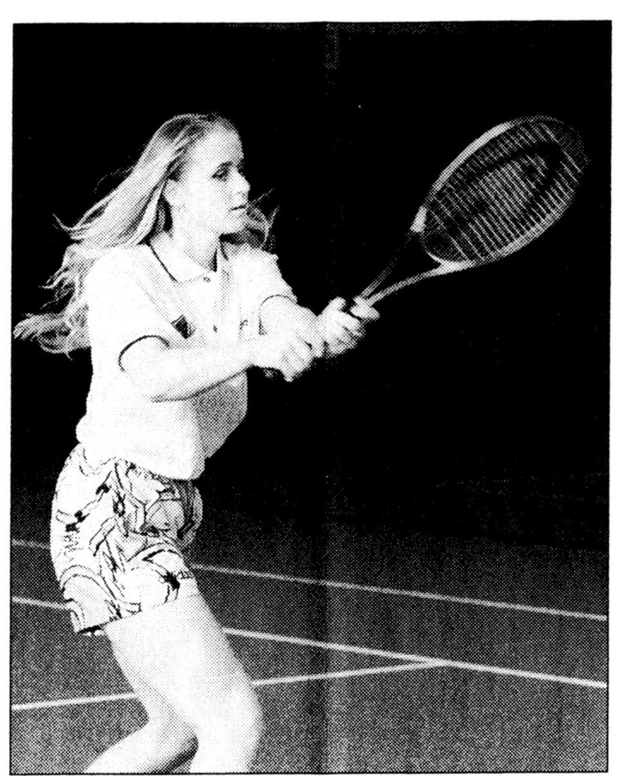

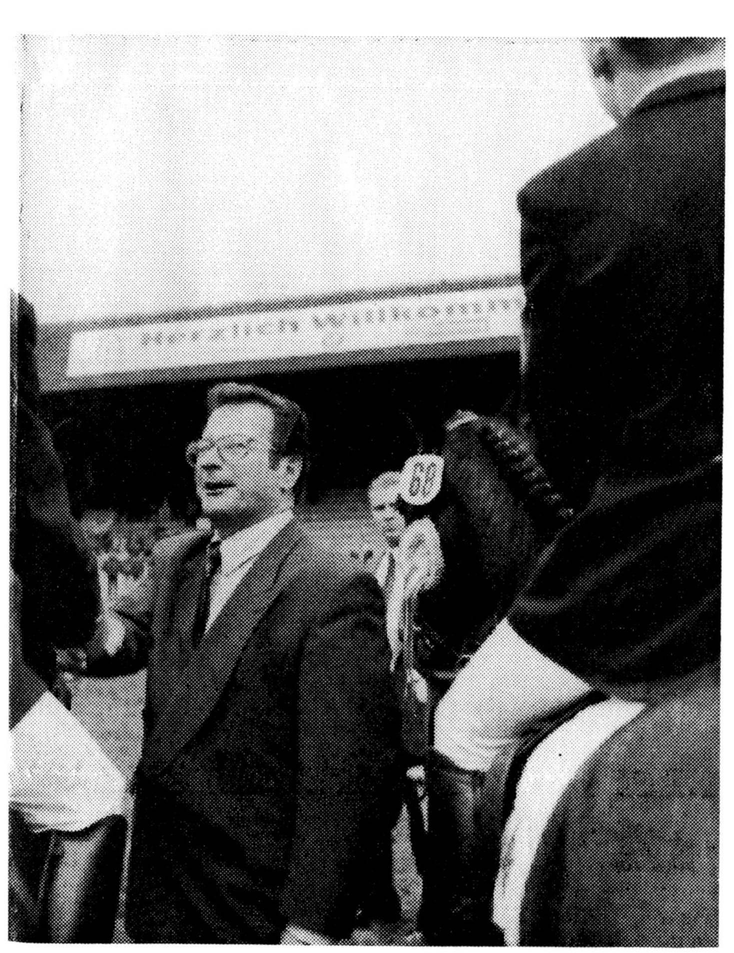

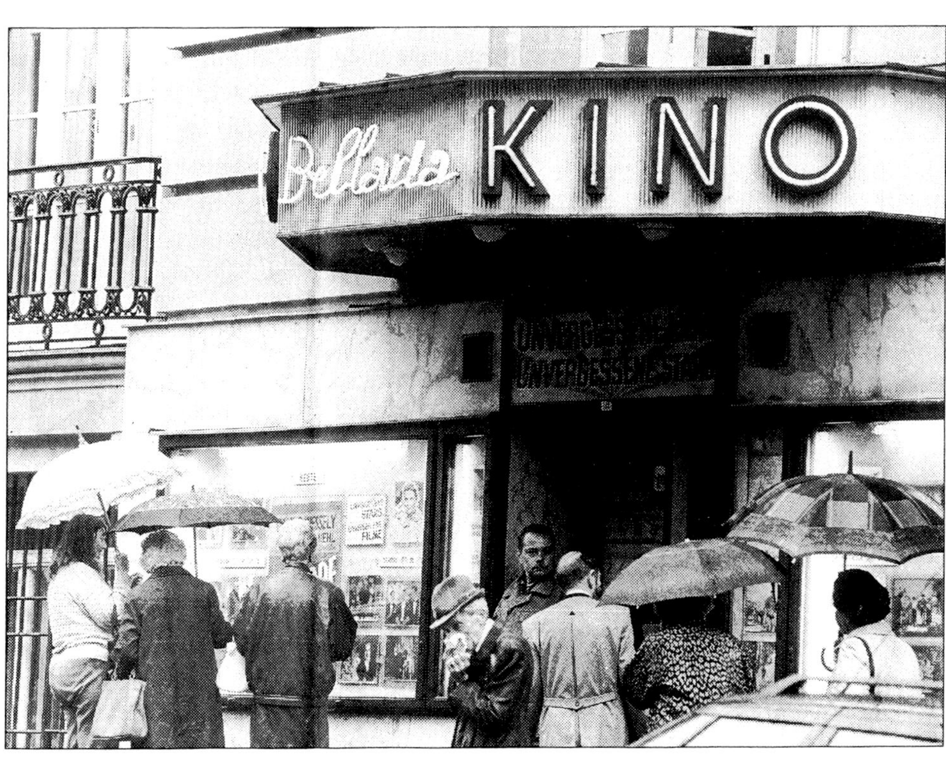
KINO

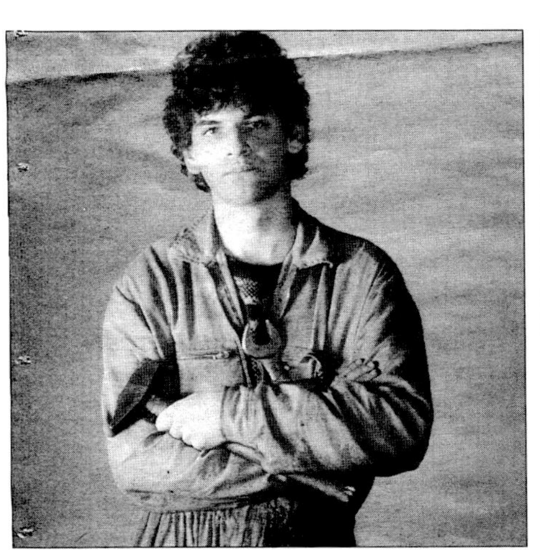
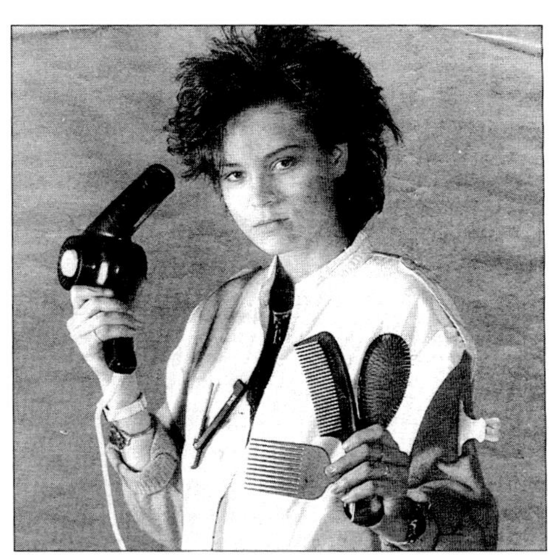

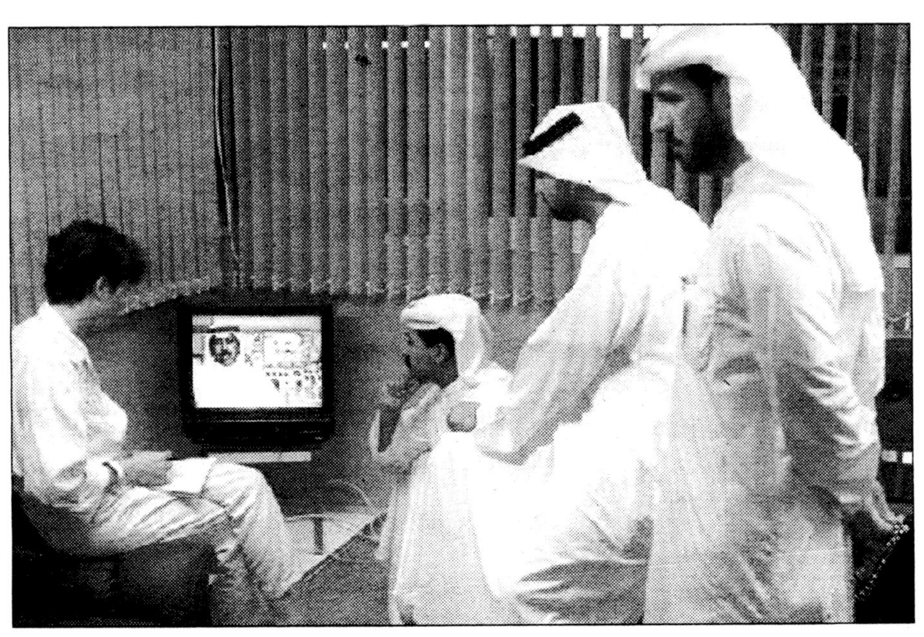

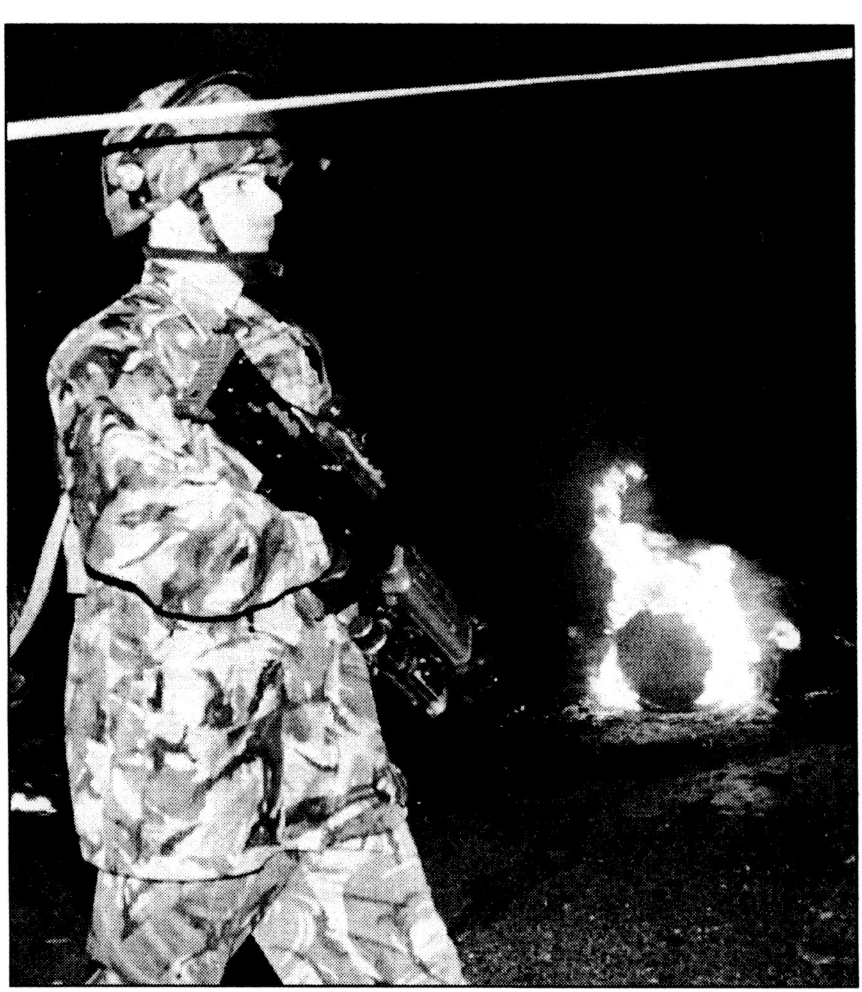

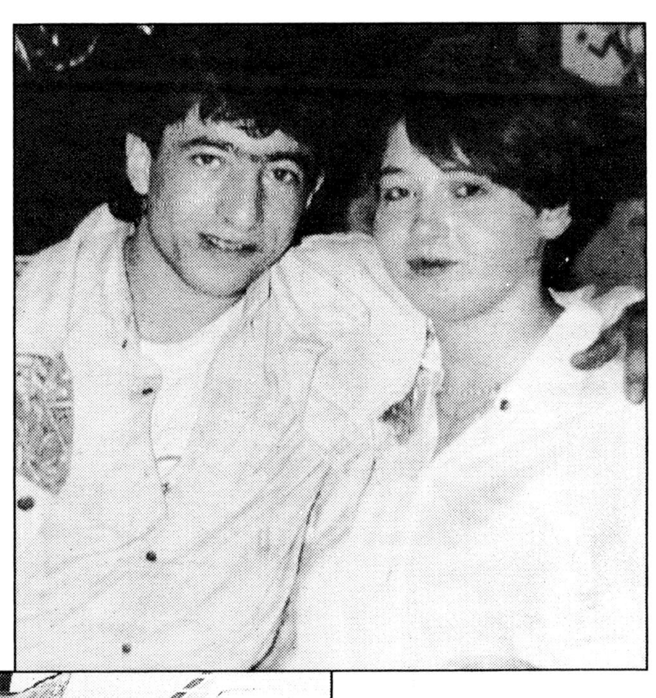

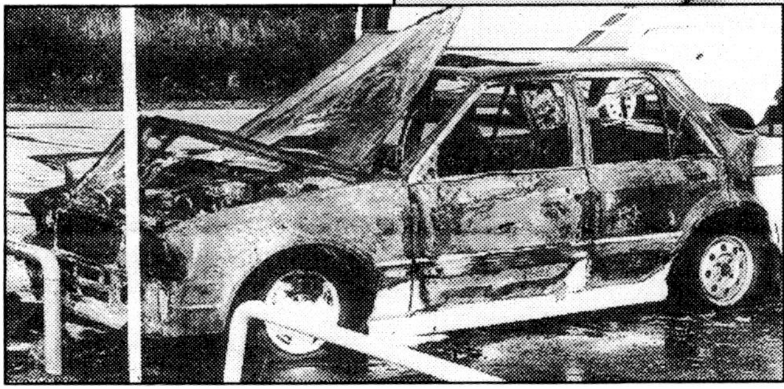

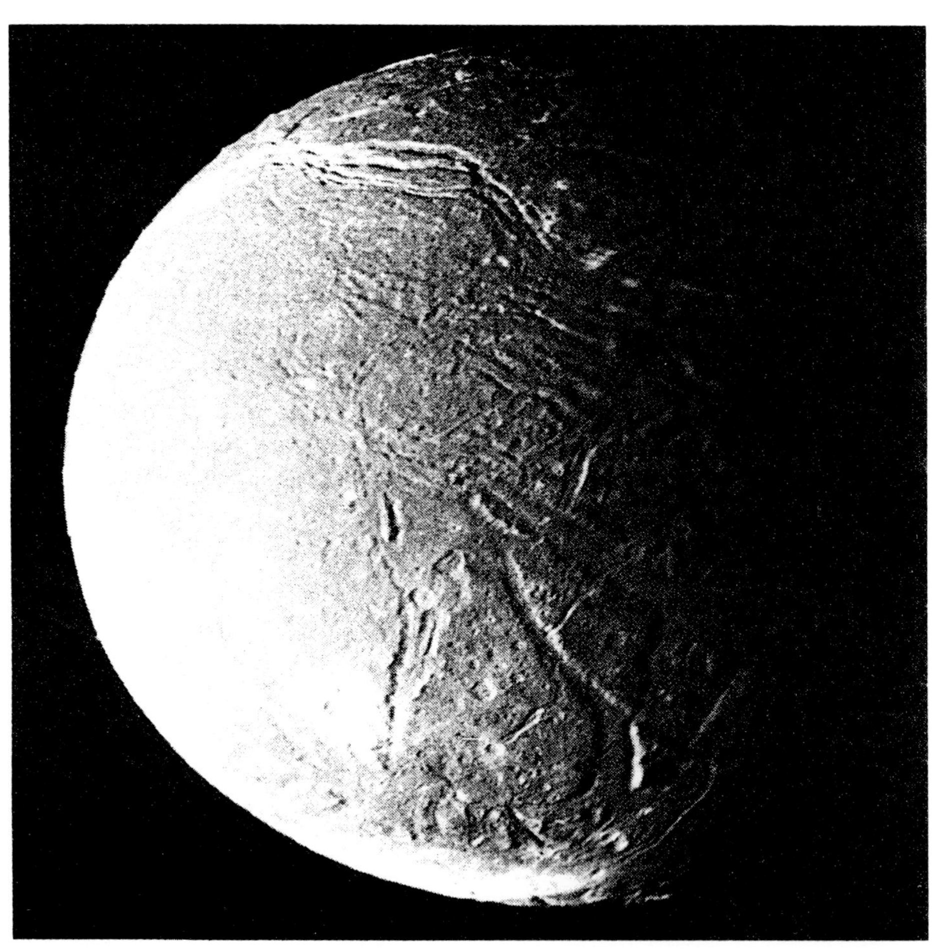

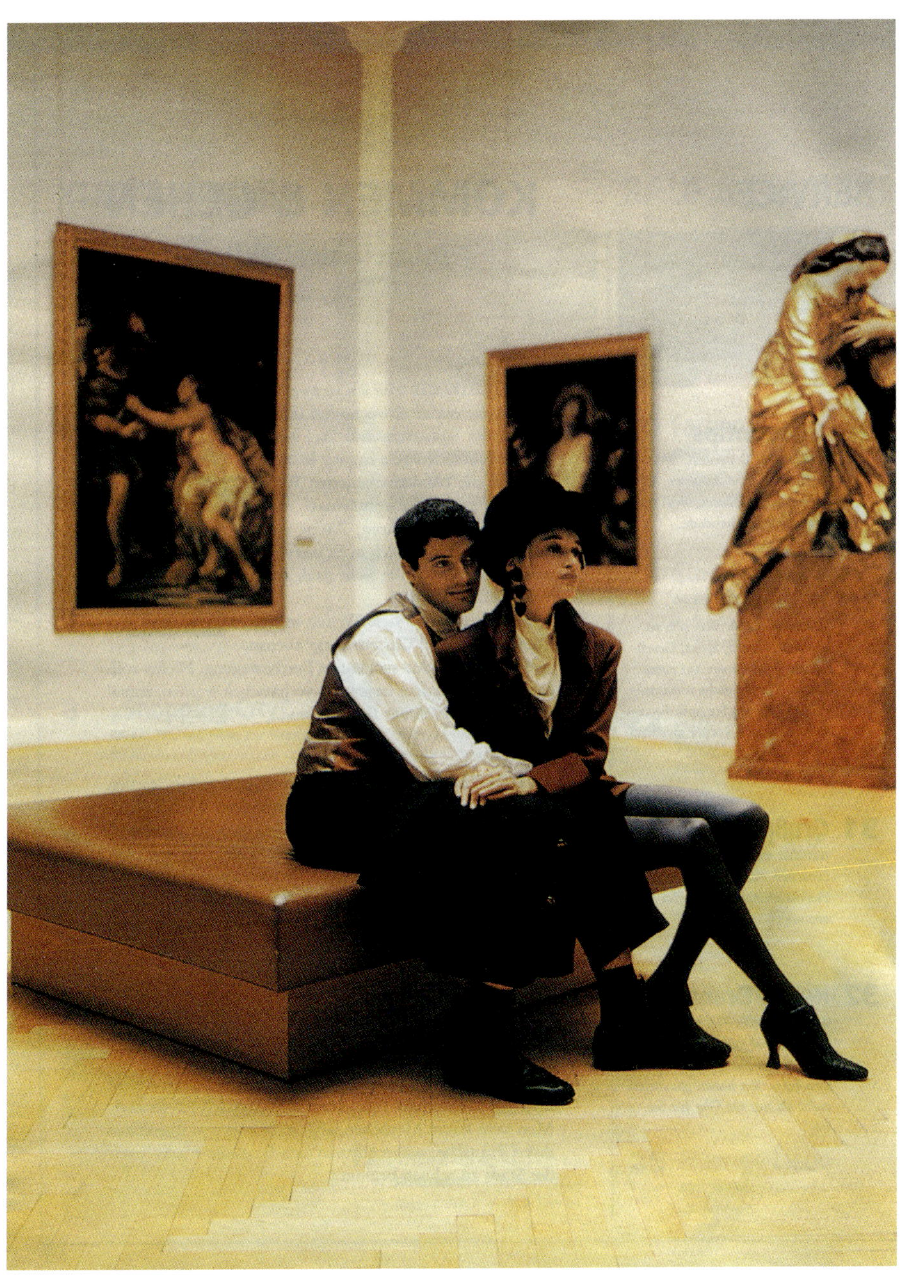

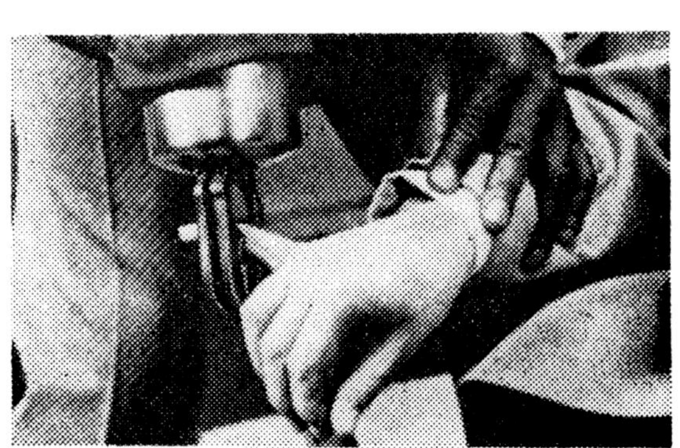

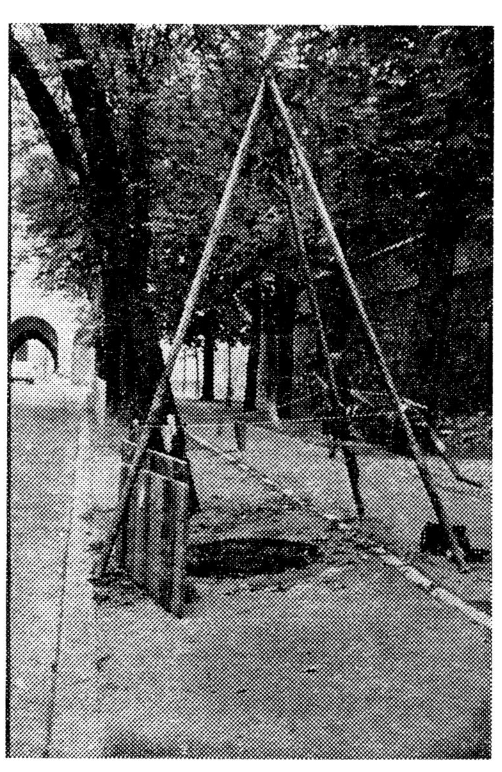

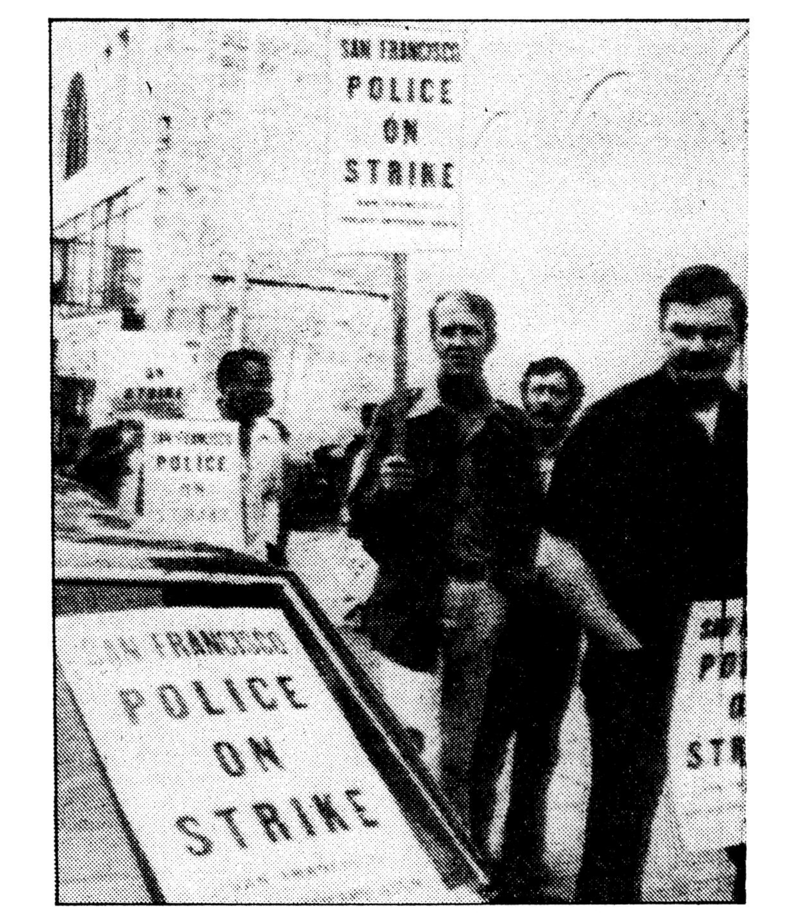
SAN FRANCISCO
POLICE
ON
STRIKE
POLICE
FRANCISCO
POLICE
ON
STRIKE

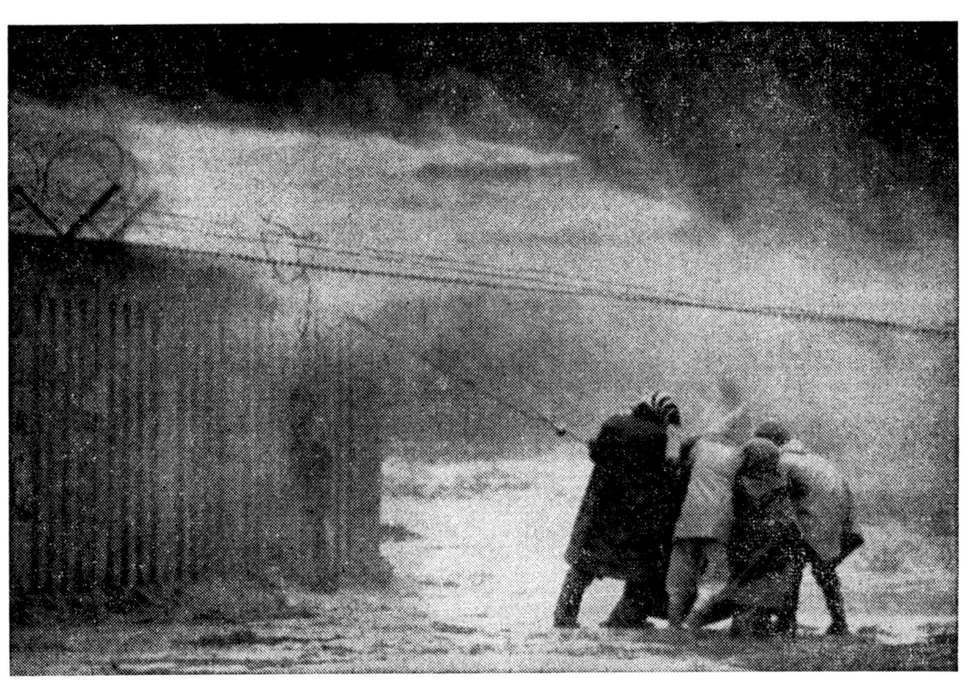

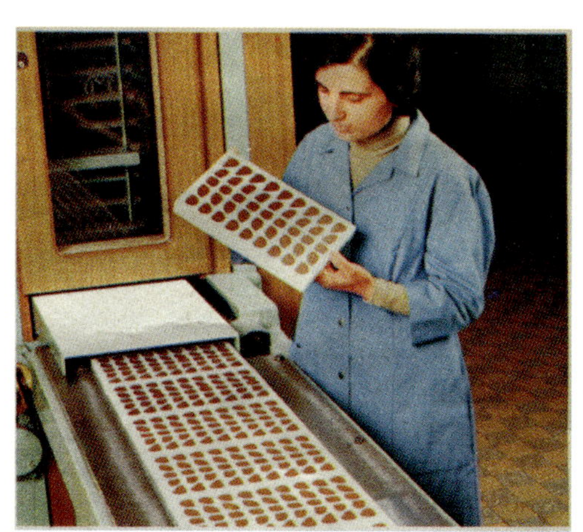

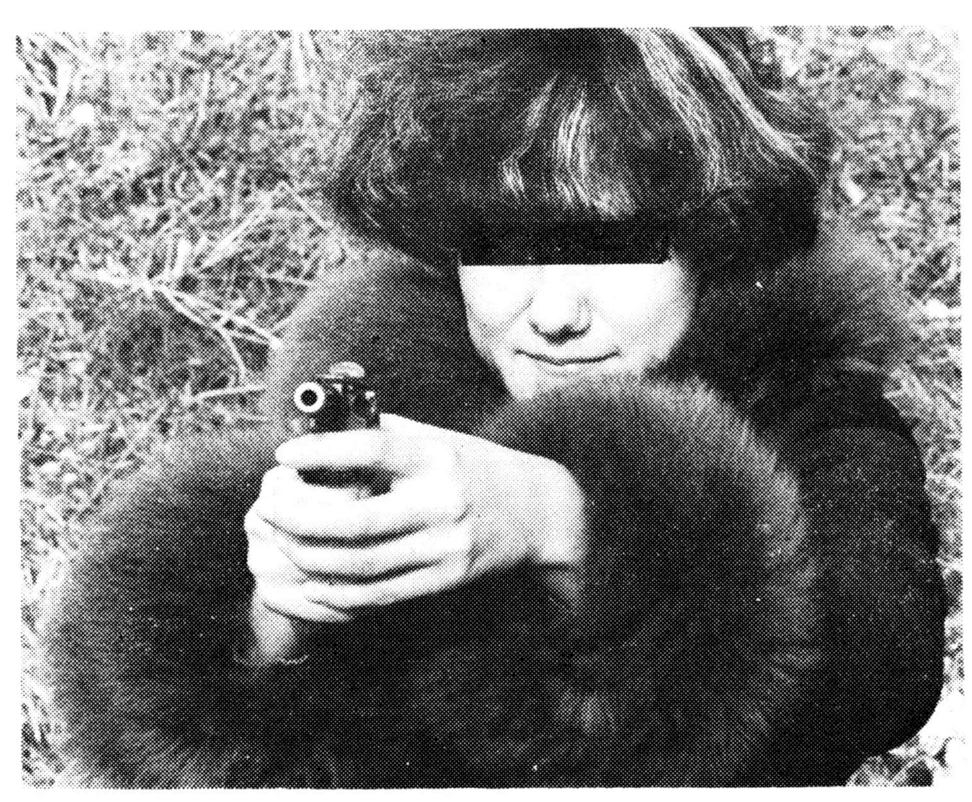

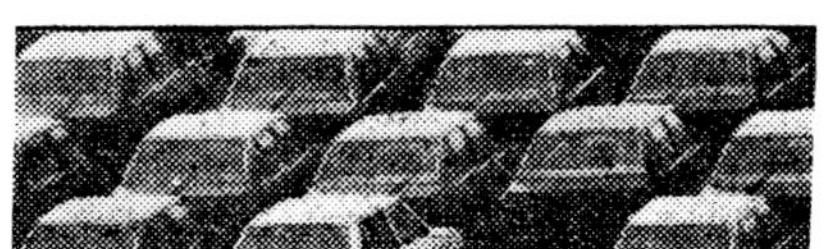

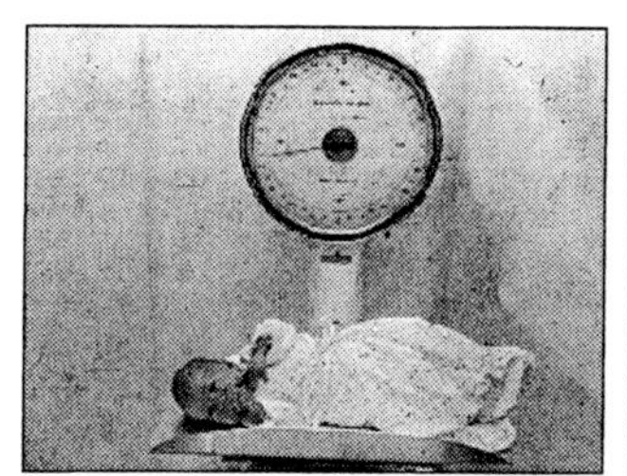
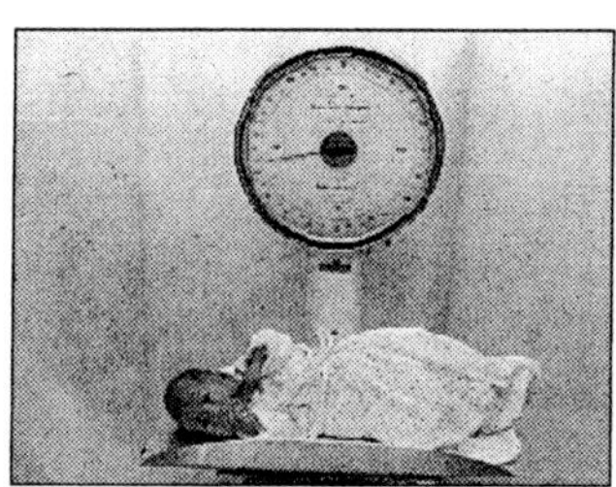
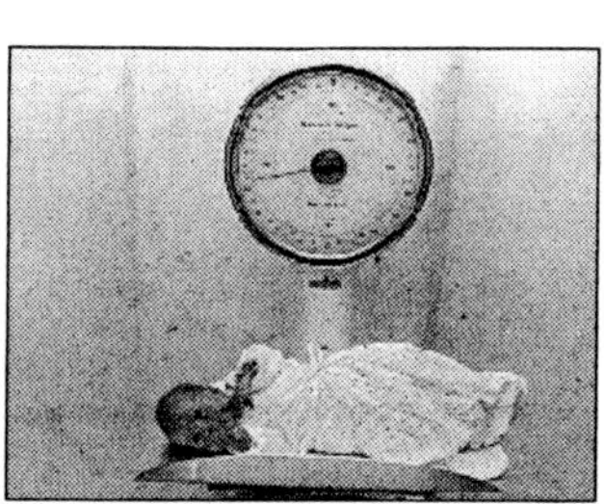

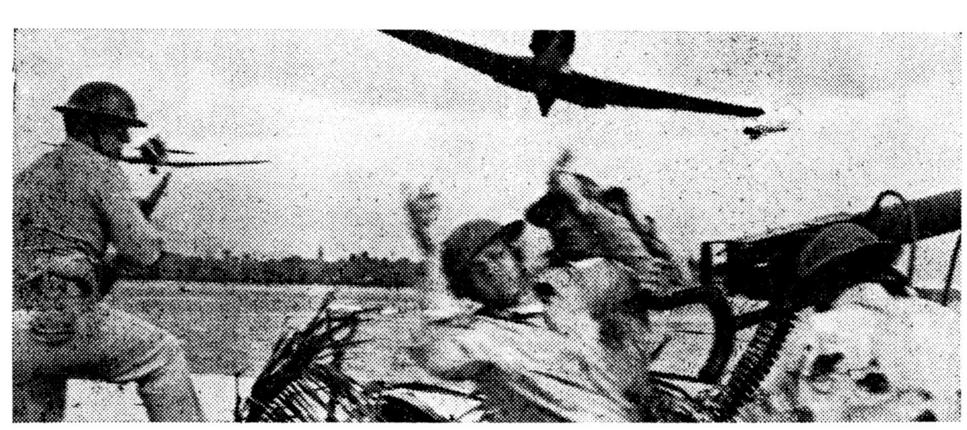

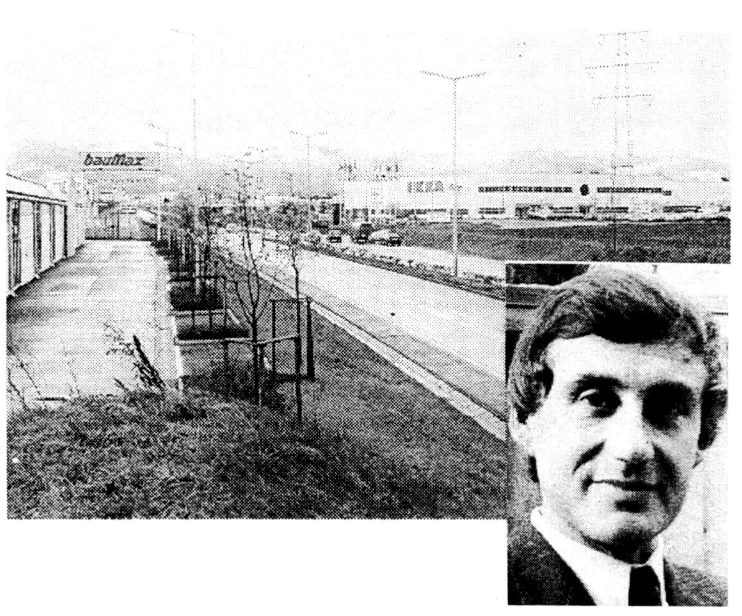
bauMax

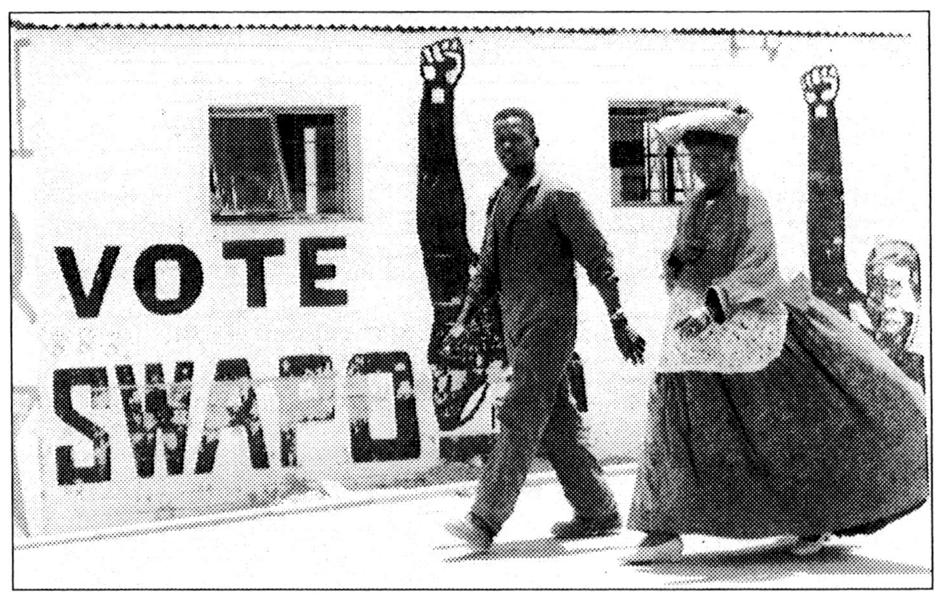
VOTE
SWAPO

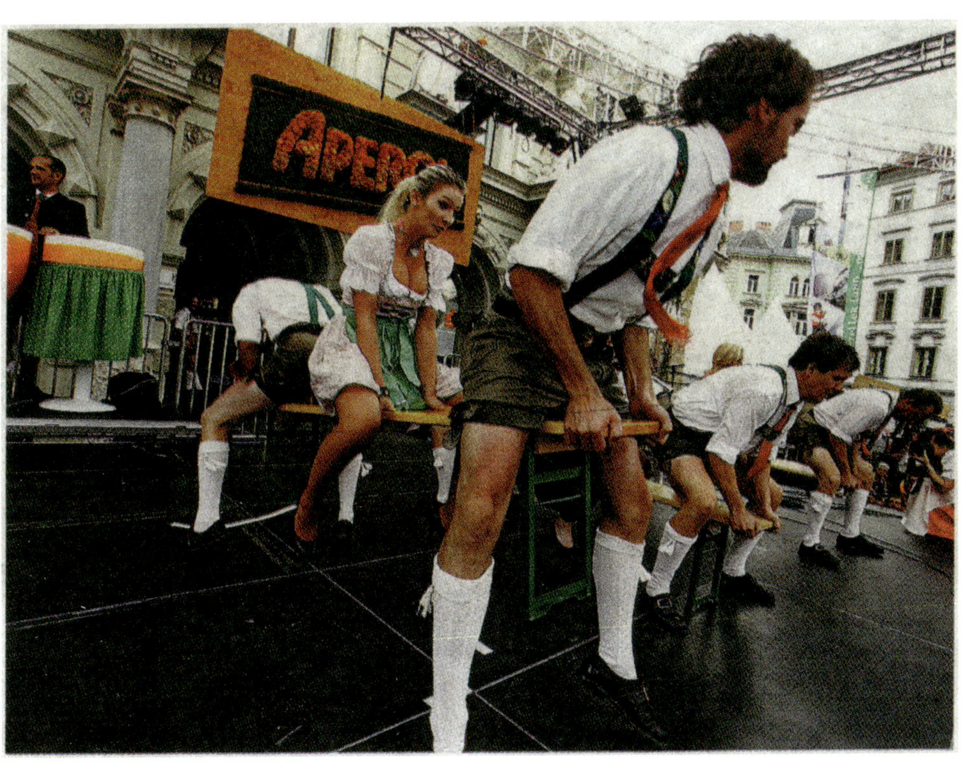

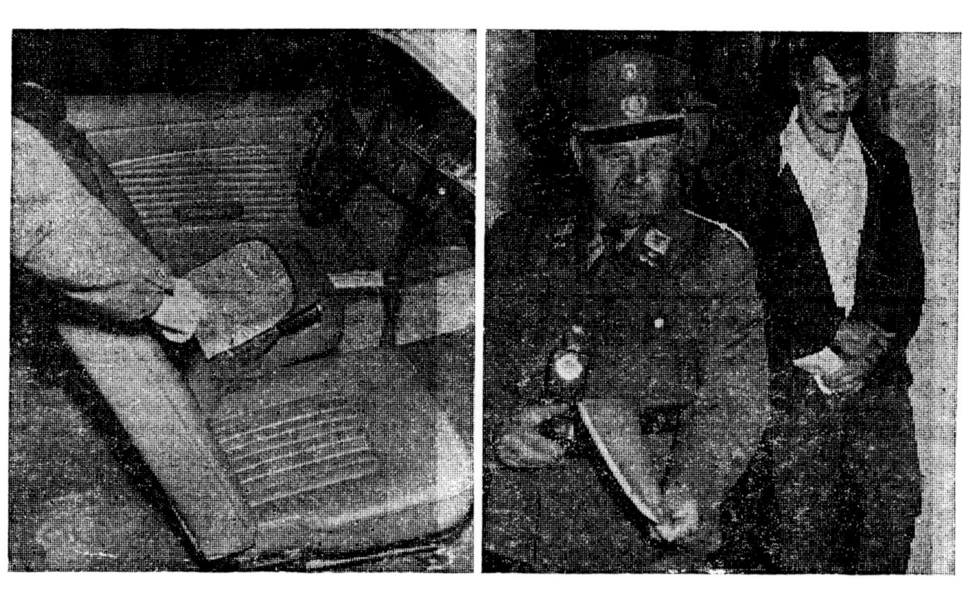

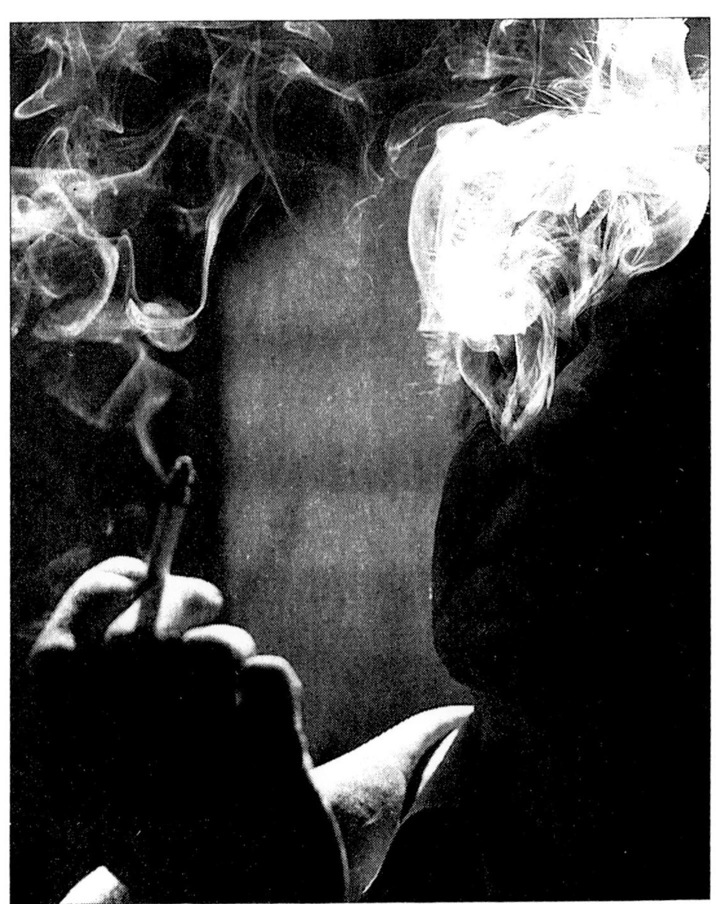

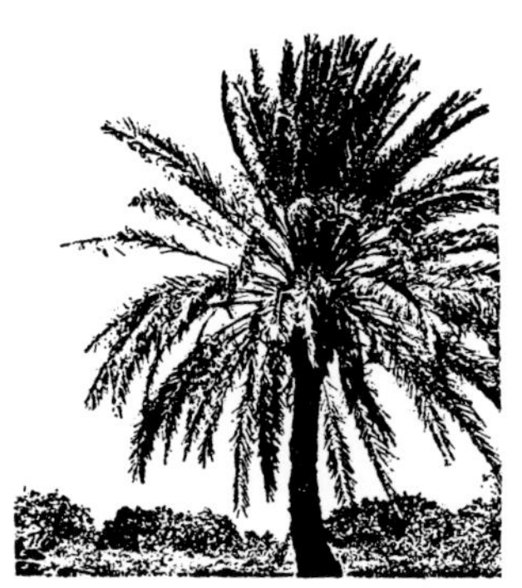

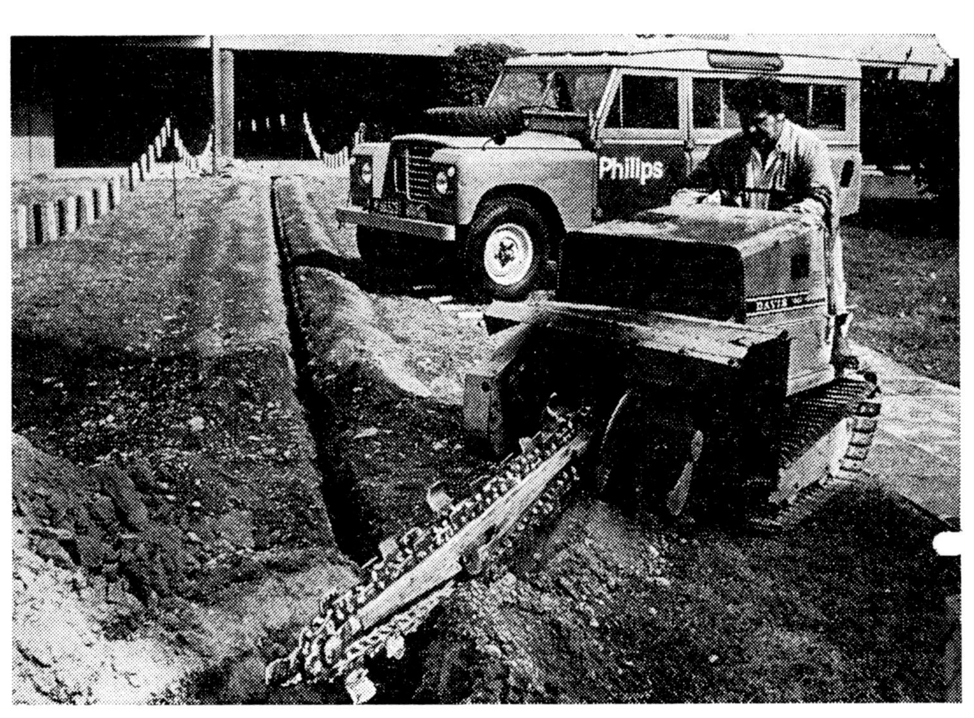
Phillips

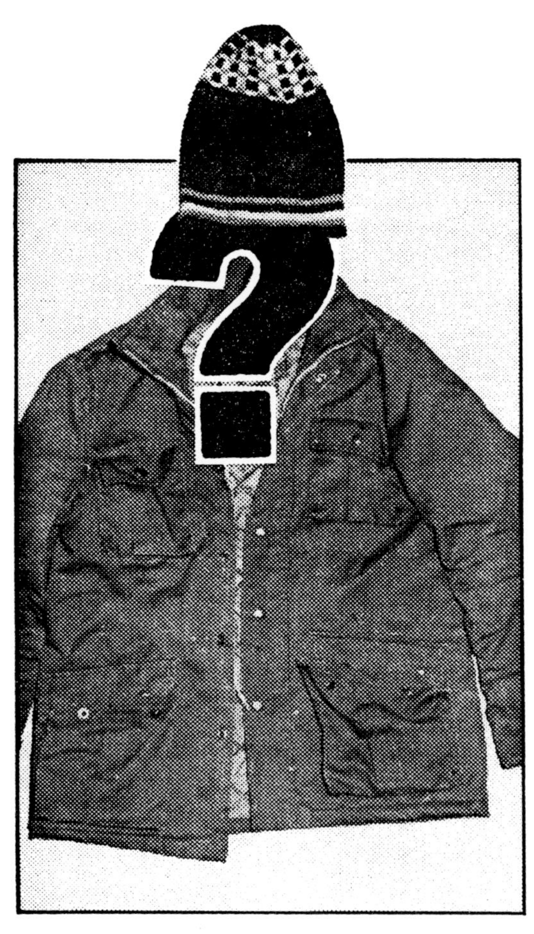

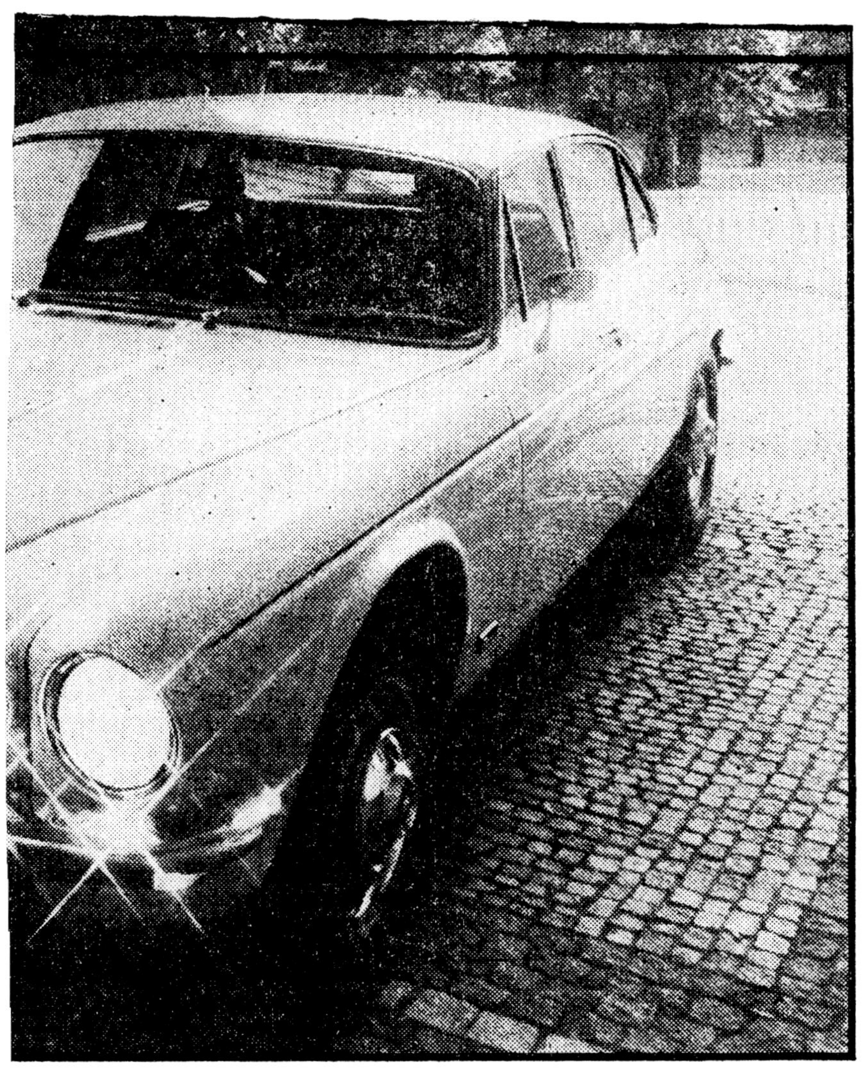

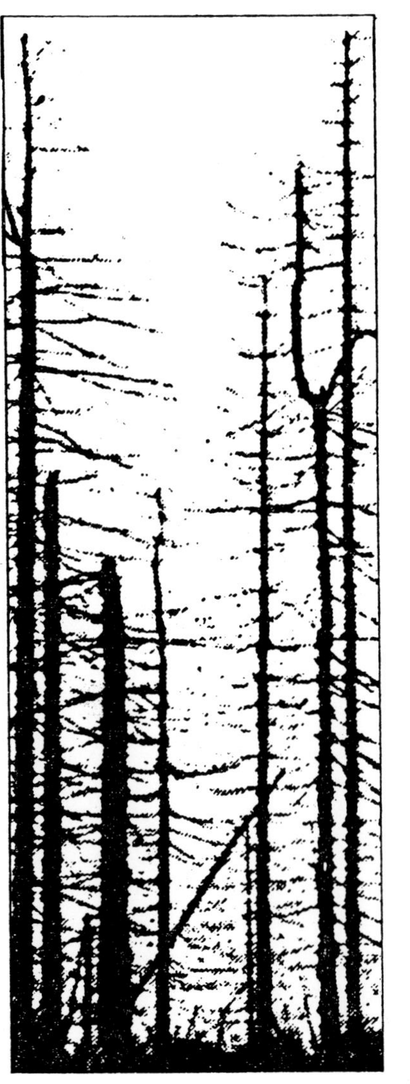

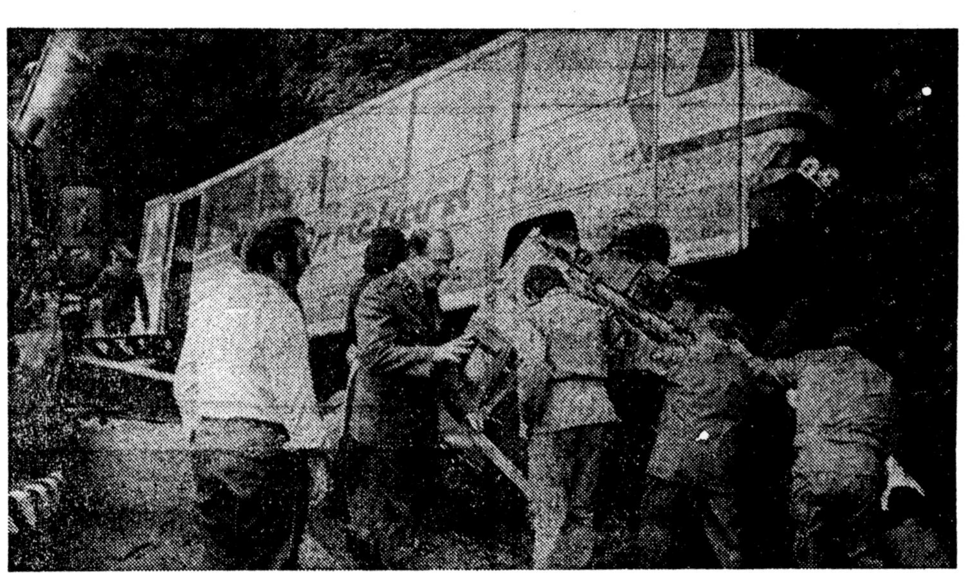

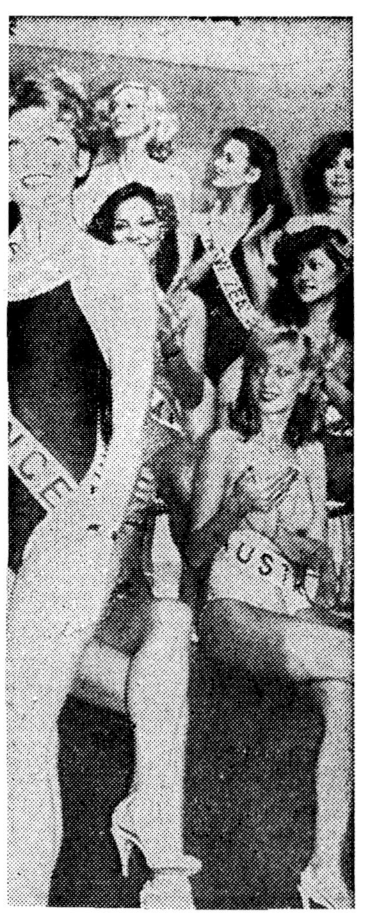

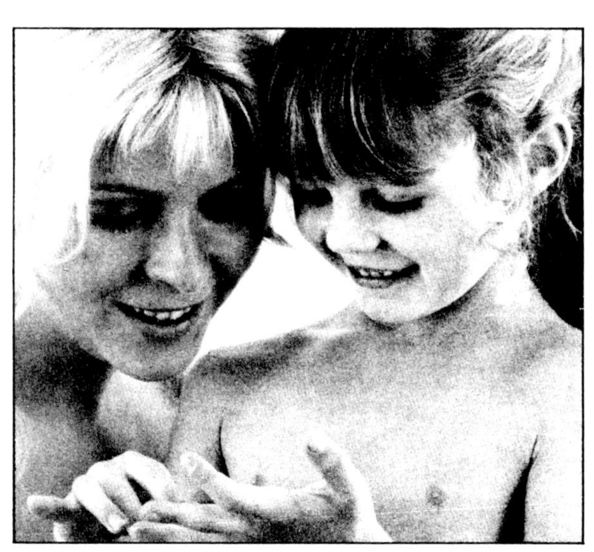

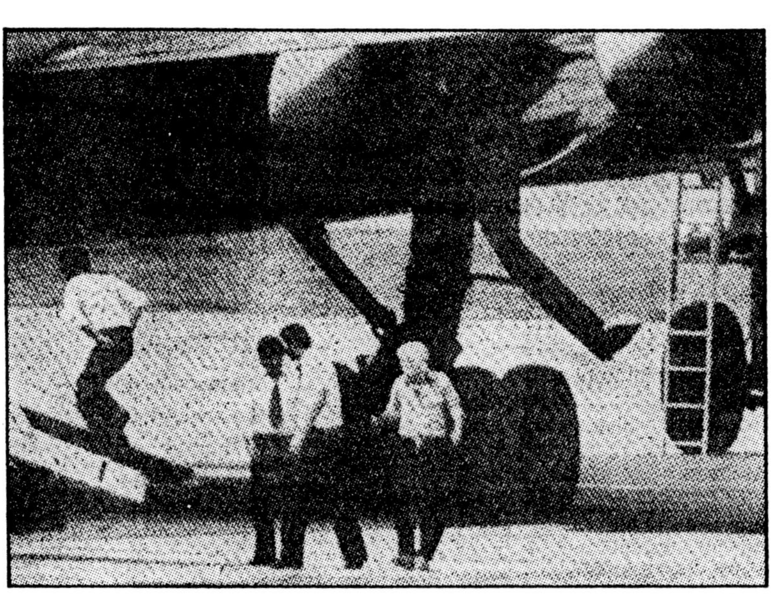

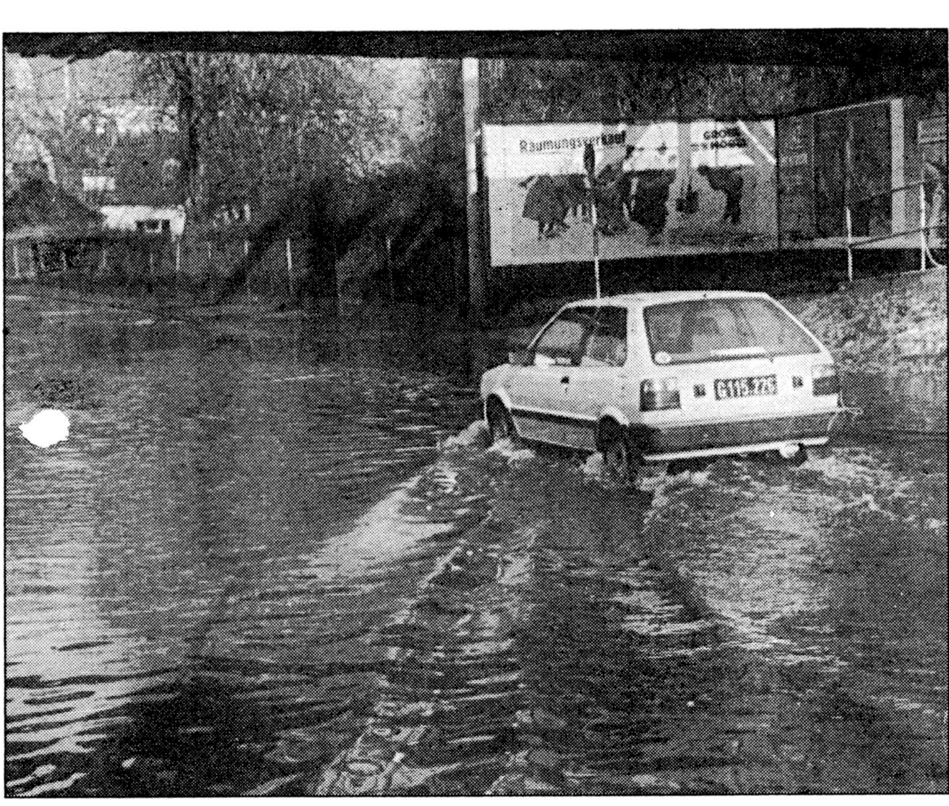

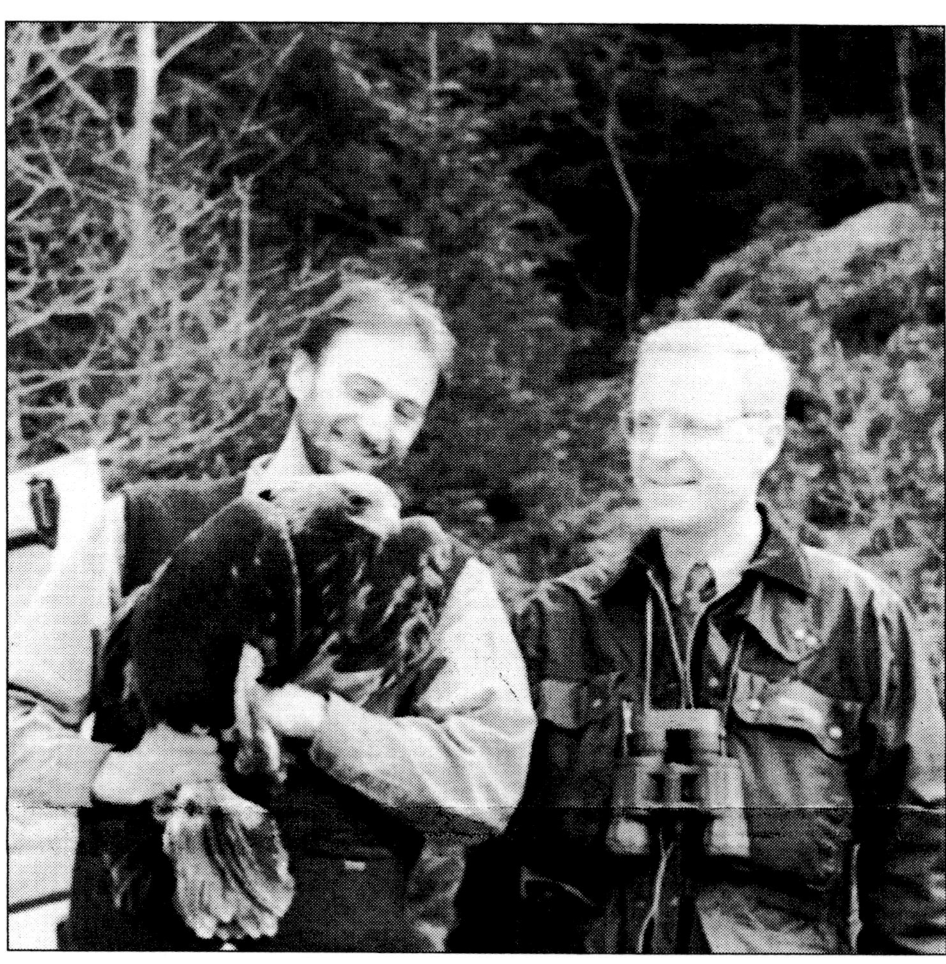

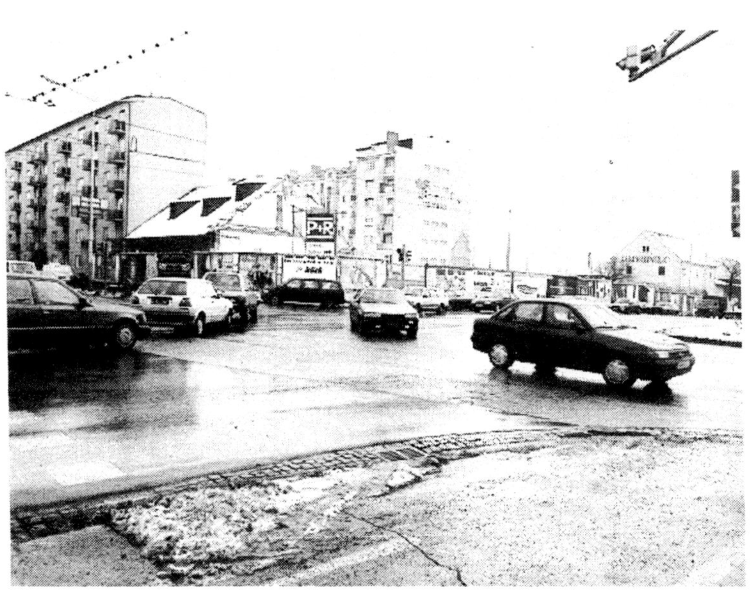
P+R

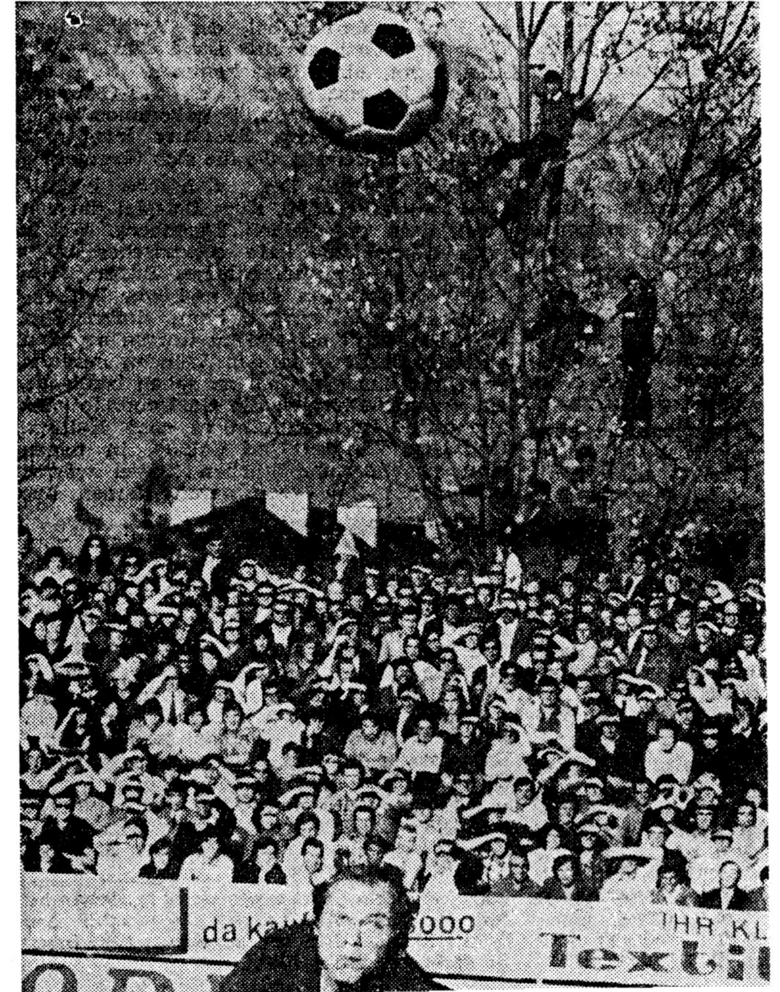

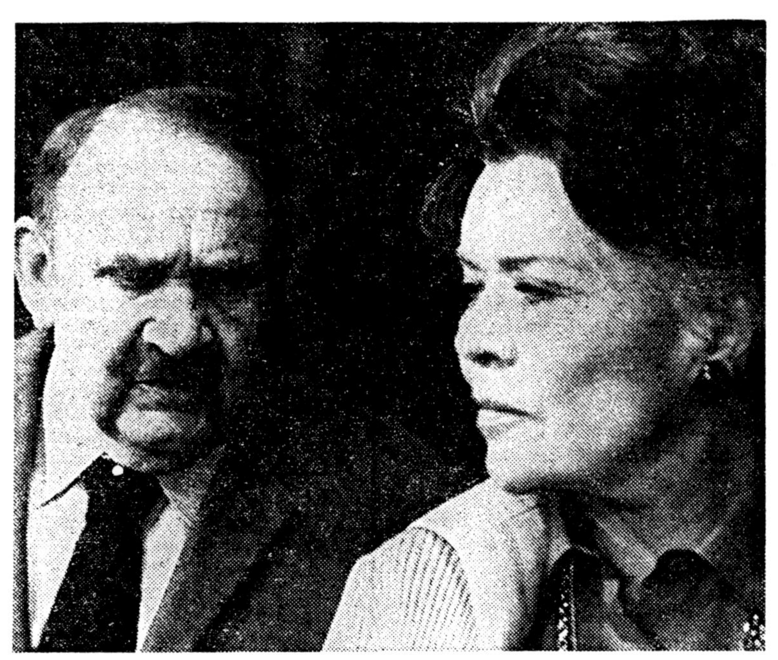

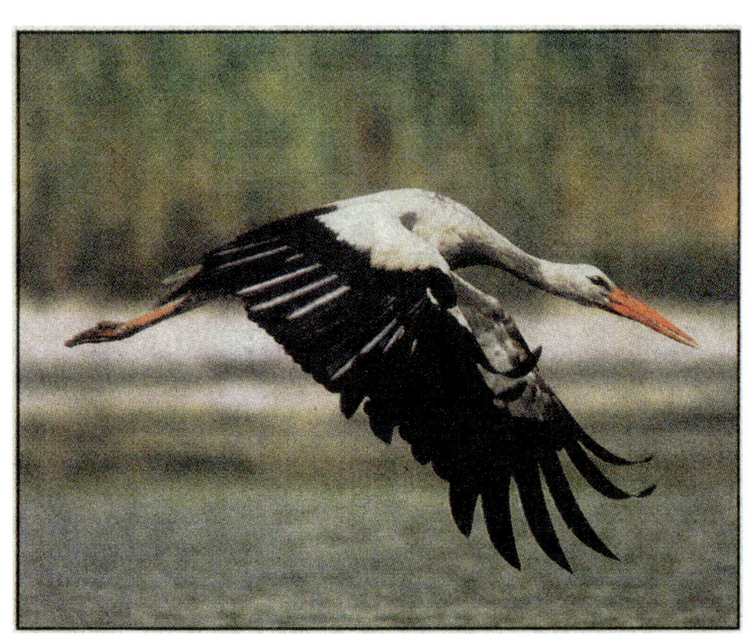

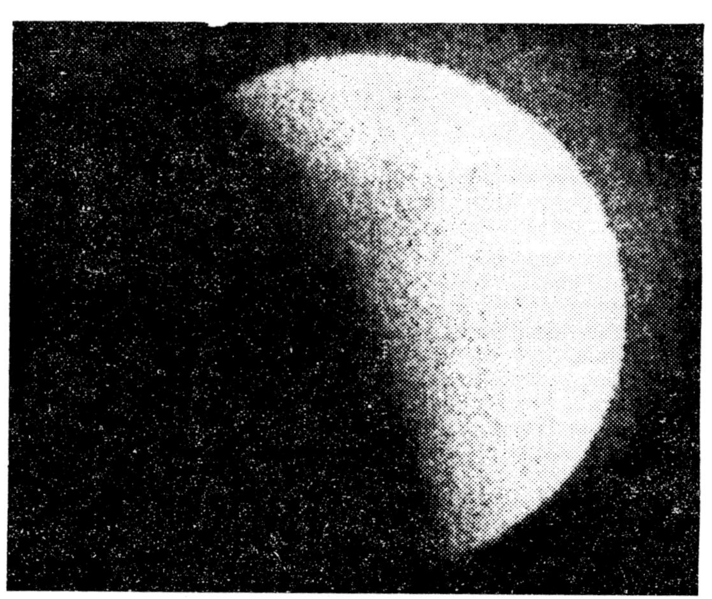

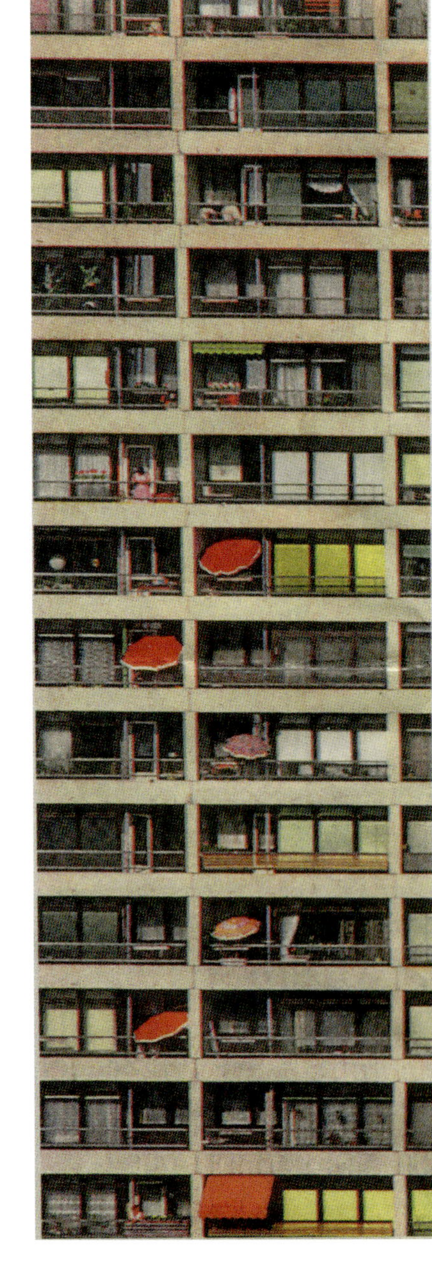

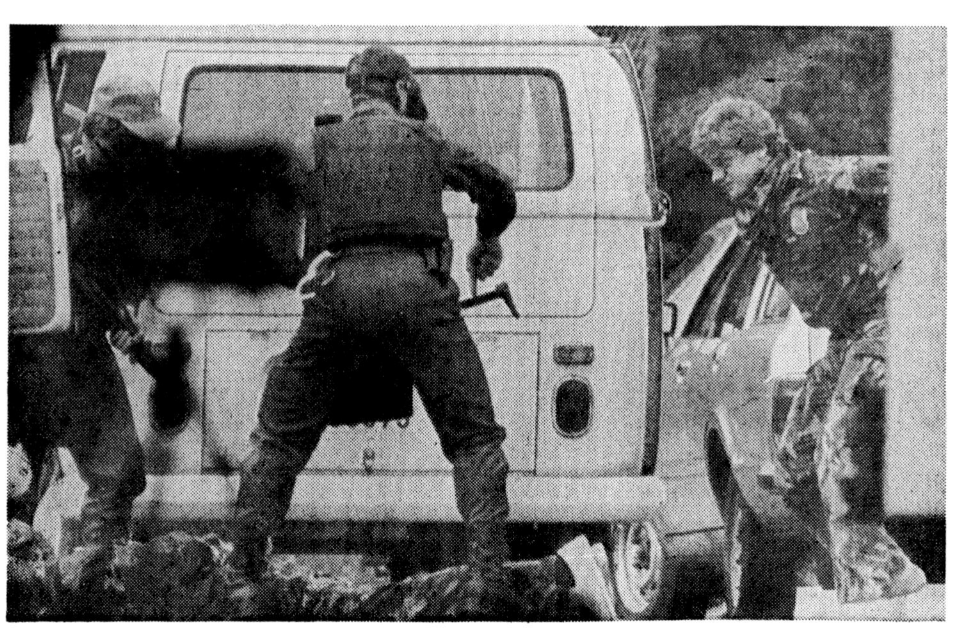

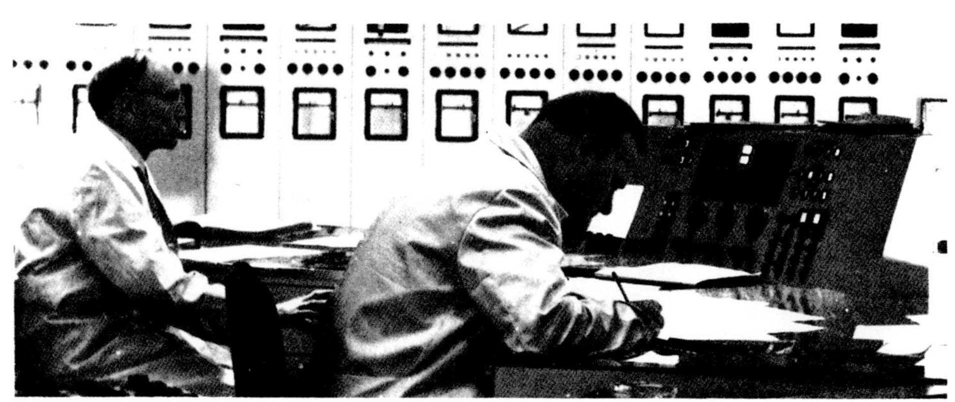

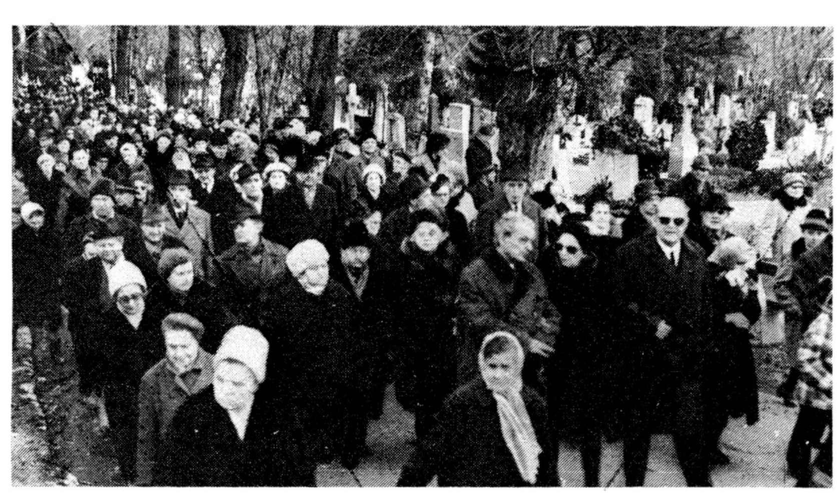

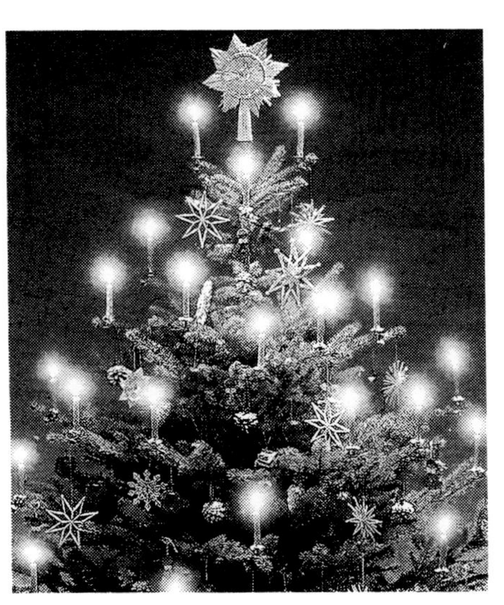

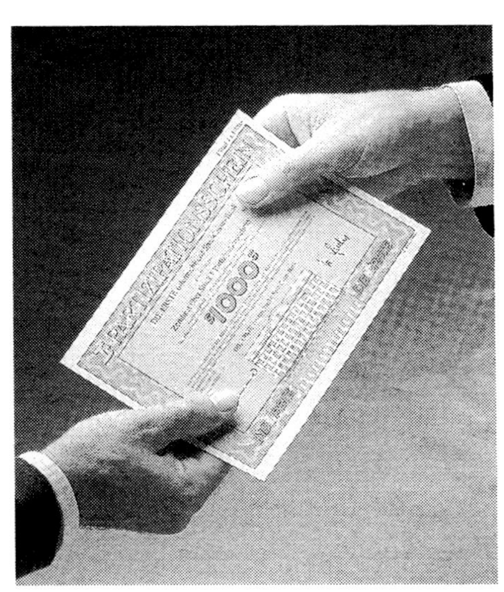

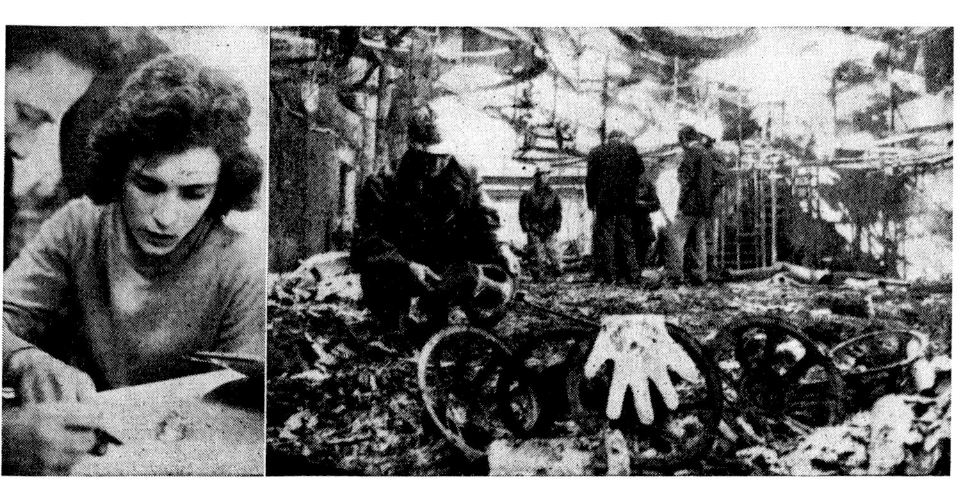

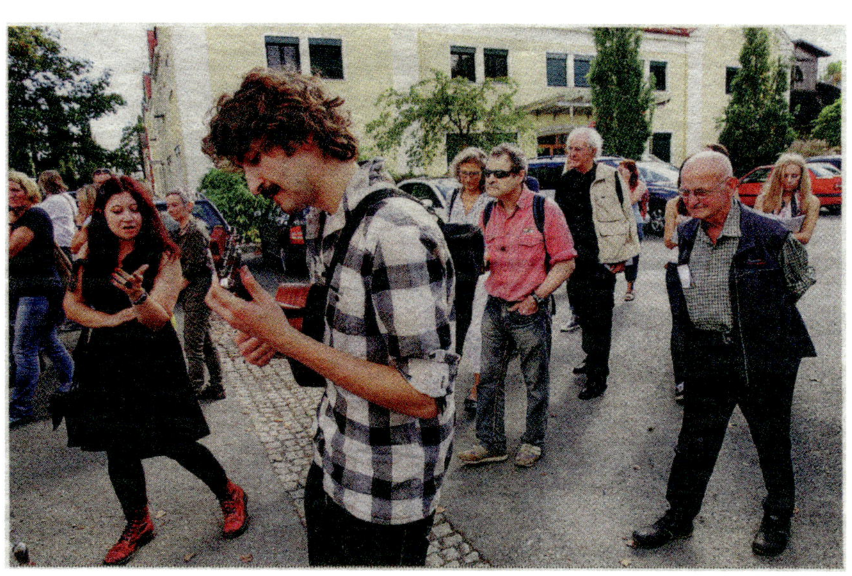

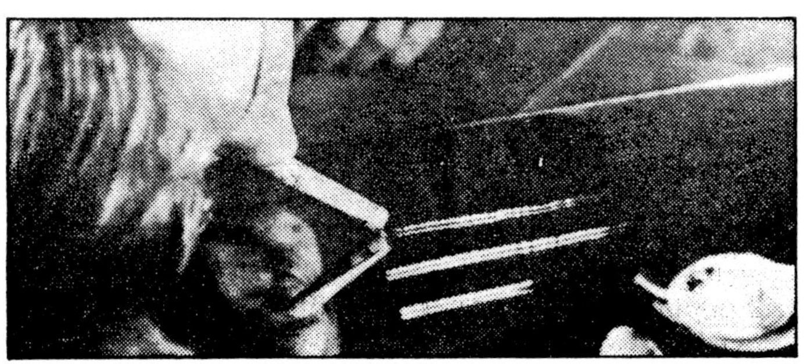

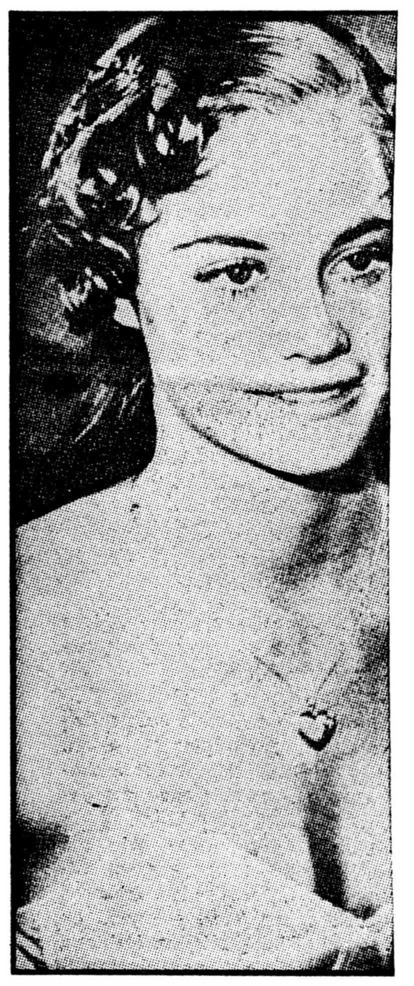

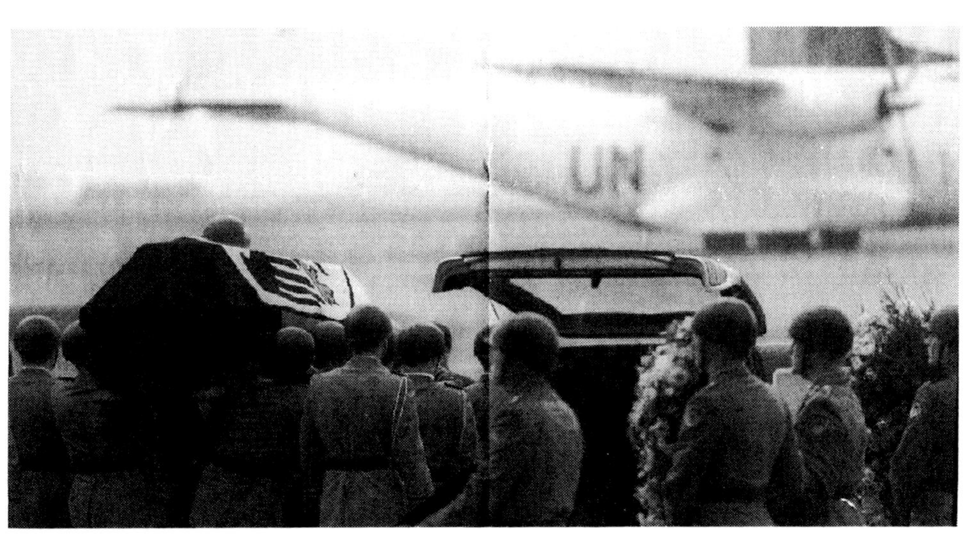
UN

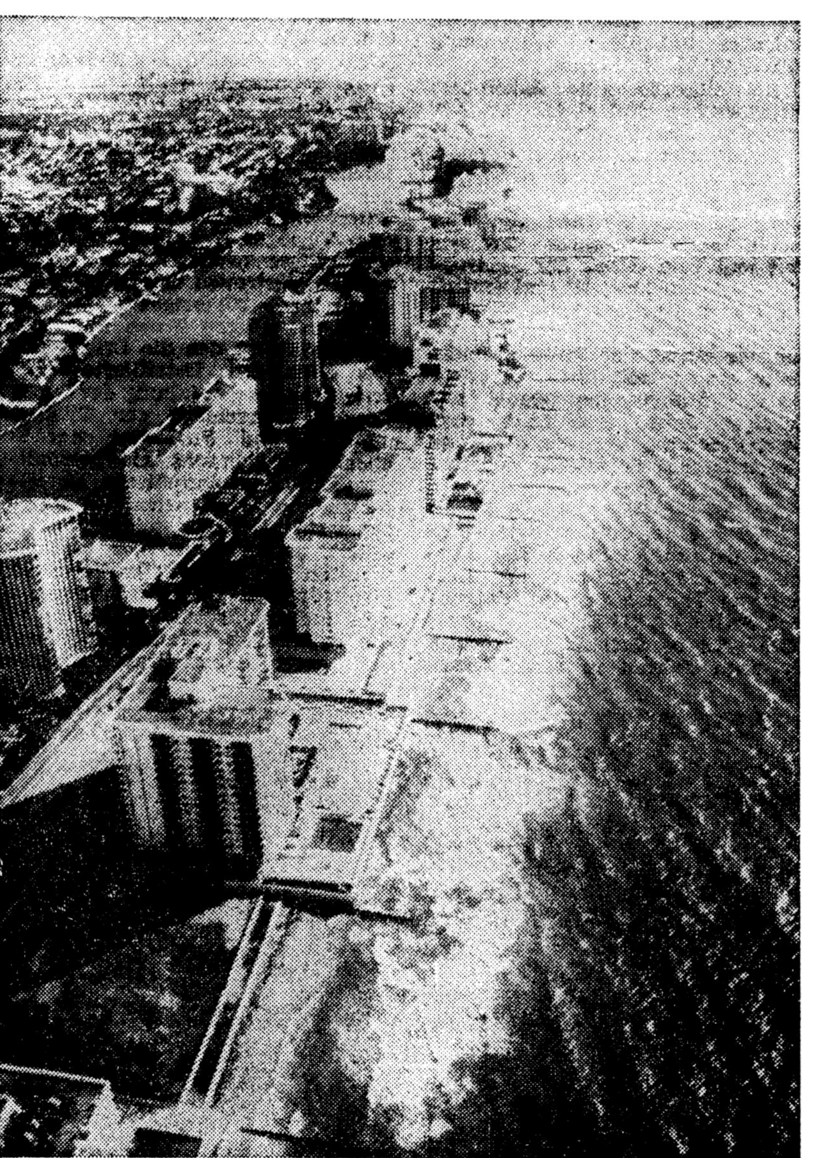

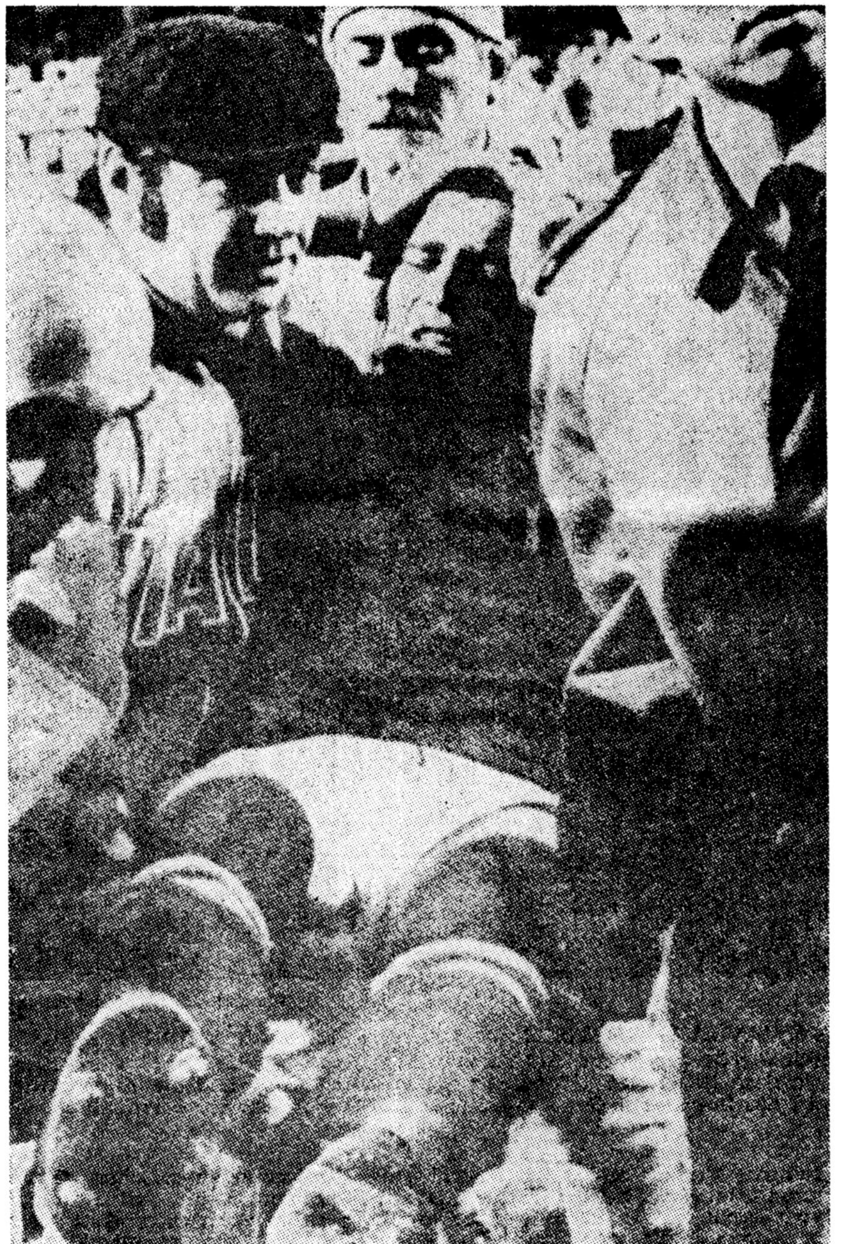

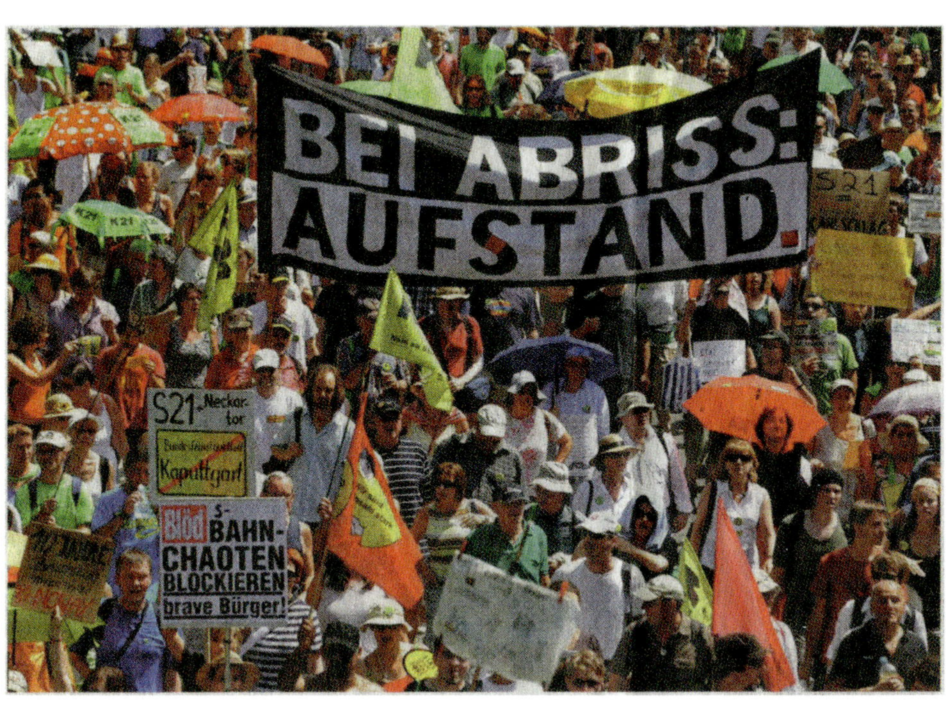
BEI ABRISS:
AUFSTAND.
S21-Neckar-
tor
Kaputtgart
Blöd S-
BAHN-
CHAOTEN
BLOCKIEREN
brave Bürger!

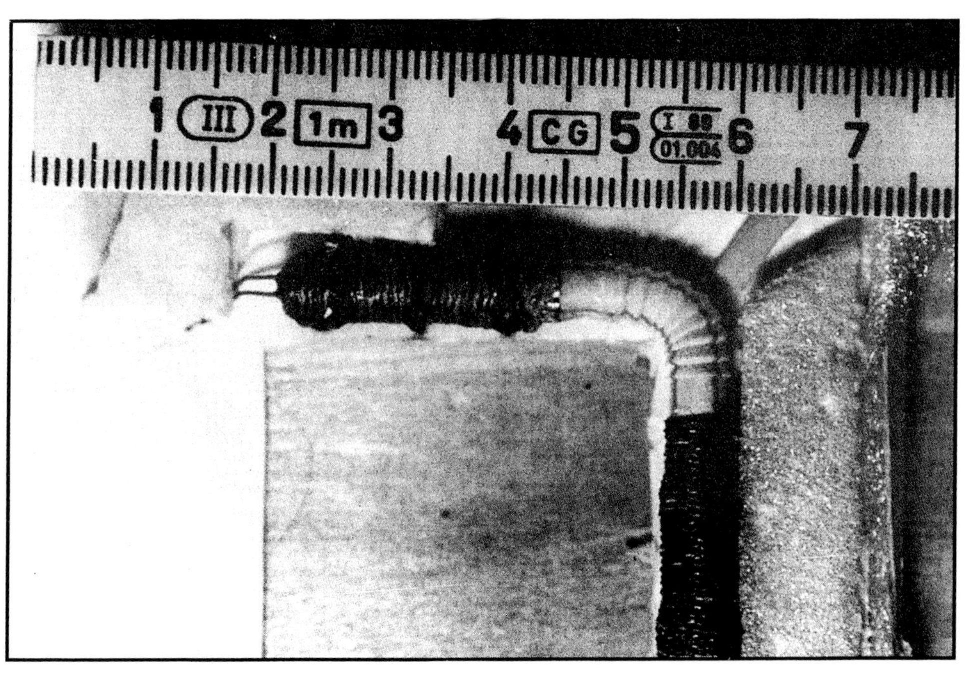
1
III
2
1m
3
4
CG
5
I 89
01.004
6
7

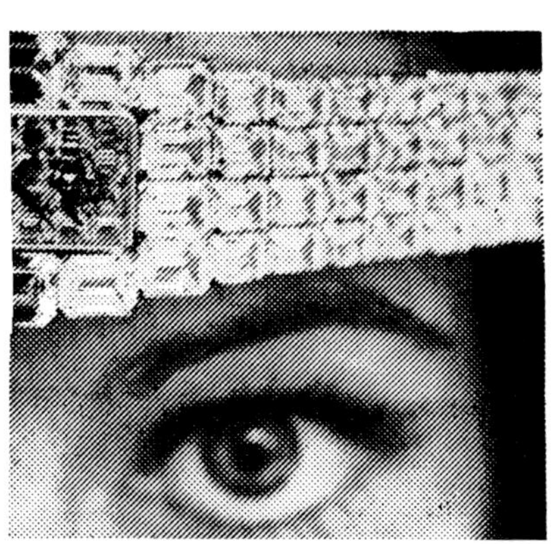

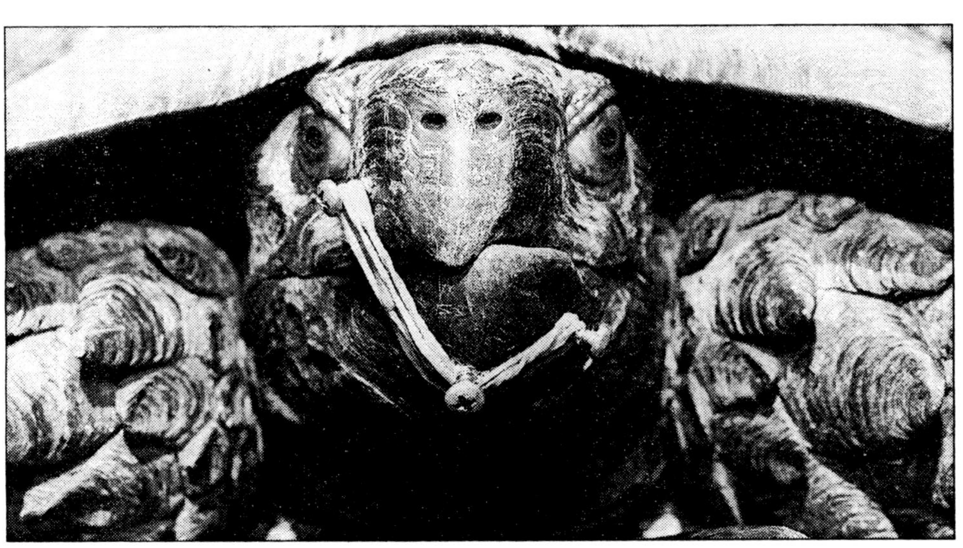

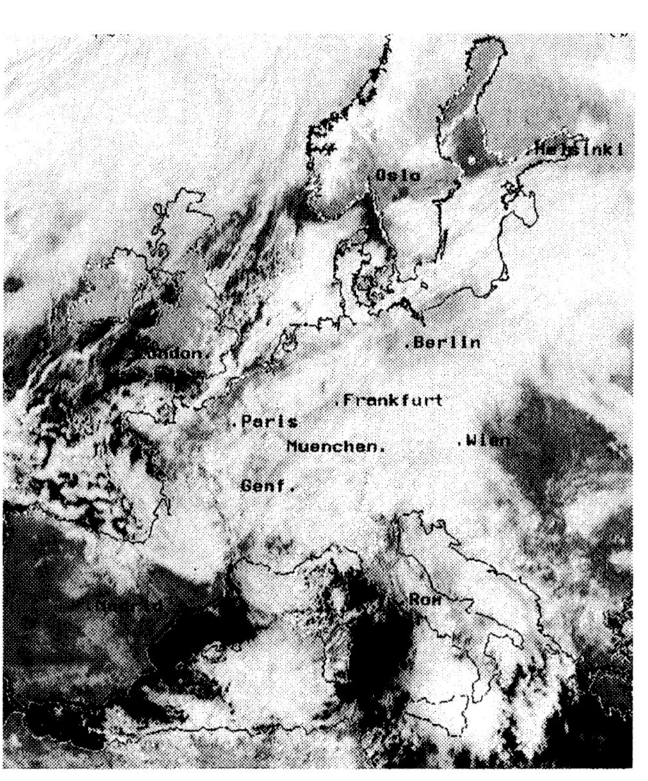
Oslo
.Berlin
.Frankfurt
.Paris
Muenchen.
.Wien
Genf.
Rom

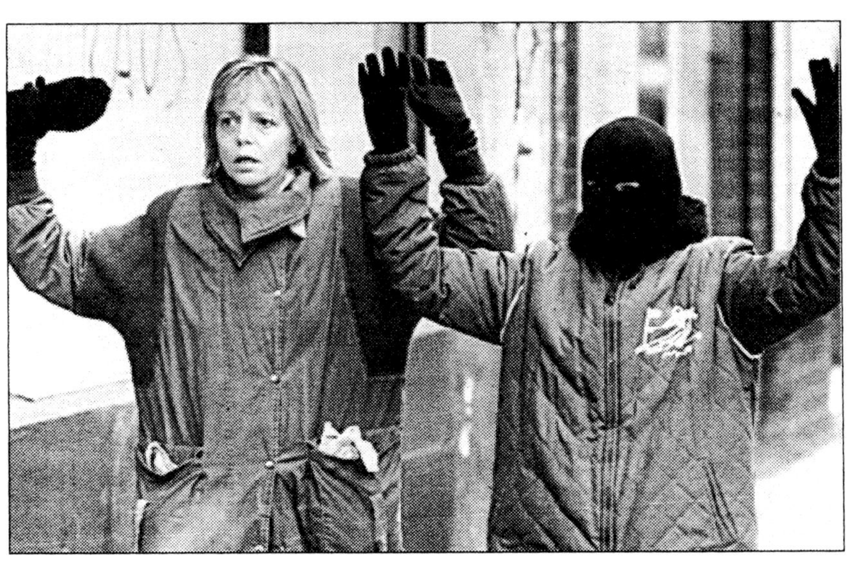

>> steirischer herbst
68 69 70 71 72 73 74
75 76 77 78 79 80 81
82 83 84 85 86 87 88
89 90 91 92 93 94 95
96 97 98 99 00 01 02
03 04 05 06 07 08 09
10 11 12 13 14 15 16
steirischer herbst '17

Archiv Peter Piller
Materialien (H)
Irrläufer

Hrsg. von steirischer herbst & Andreas R. Peternell
Gestaltung: Julia Wagner und Peter Piller basierend auf einem Entwurf von Christoph Keller
Reproduktion: Peter Piller
Produktion: Andreas R. Peternell

Der Einladung des steirischen herbst zu dessen 50. Jubiläum folgend, betrat ich im März 2017 den Raum, in dem seit 50 Jahren alle regionalen, nationalen und internationalen Presseberichte zum Festival in Ordnern abgelegt werden. Insgesamt etwa 100.000 ausgeschnittene Artikel, auf A4-Blätter aufgeklebt oder ganze Zeitungsseiten auf A4 gefaltet. Als ich die ersten Ordner aus dem Jahre 1967 aufschlug, fielen mir die Artikel zum Teil entgegen, weil sich im Laufe der Zeit der Klebstoff gelöst hatte. Auf einer Artikelrückseite, etwas schräg beschnitten, war im Anschnitt ein bemerkenswertes Bild zu sehen, das natürlich keinerlei Bezug zum steirischen herbst hatte, aber unbeabsichtigt mitarchiviert worden war. Daraufhin sichtete ich das gesamte Material nach Irrläufern. Sie sind wohl in fast jedem Archiv zu finden und eröffnen parallele Nebenerzählungen.

Dieser Band erscheint in einer Auflage von 700 Exemplaren.
Alle Abbildungen: Courtesy Capitain Petzel, Berlin
Dank auch an Projectesd, Barcelona, Galerie Barbara Wien, Berlin, Andrew Kreps Gallery, New York, Almut Hilf, Christoph Keller, Martin Ladinig, Pia-Maria Watzenboeck und Christine Winkler

ISBN 978-3-905999-83-9

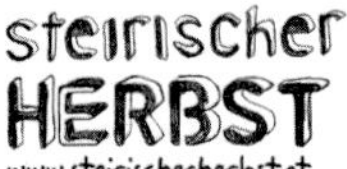

steirischer herbst festival gmbh
Sackstraße 17
8010 Graz
Austria
www.steirischerherbst.at

Nieves
Köchlistrasse 5
8004 Zürich
Schweiz
www.nieves.ch

Eigentümer der steirischer herbst festival gmbh

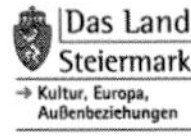

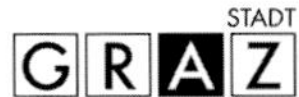

Förderer

BUNDESKANZLERAMT ÖSTERREICH

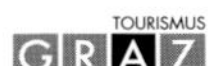

Generalsponsor

legero united
Initiator of con-tempus.eu

Jubiläumssponsor

Steiermärkische SPARKASSE